Roswitha Bauer / Dieter Antensteiner

Erlebnis-Wandern!

Salzkammergut

Wellness, wandern und Natur erleben

Tyrolia-Verlag · Innsbruck-Wien

Vorwort

Das im Herzen Österreichs gelegene Salzkammergut präsentiert sich trotz seiner landschaftlichen Vielfalt als touristische Einheit. Wasser und Salz prägten die Entwicklung des Salzkammerguts ebenso nachhaltig wie seine Geschichte und Kultur. Beides ist untrennbar miteinander verknüpft und unentbehrlich für jede menschliche Existenz. Salz, das „weiße Gold", begründete den Reichtum dieser Region. In glasklaren Flüssen und Seen des Salzkammerguts finden Forellen, Saiblinge und andere Wasserbewohner ideale Lebensbedingungen.

Richtig angewandt entfalten Wasser und Salz Heilkraft. Sole lindert Atemwegs- und Hauterkrankungen. Beste Voraussetzungen für ein ganzheitliches Wander- und Naturerlebnis, wie sie die 32 leicht nachvollziehbaren Tourenvorschläge in diesem Wanderführer vermitteln. Naturkundliche Informationen sowie kompetente, leicht durchführbare Wellness-Tipps zu Bewegung und Ernährung runden jede Erlebniswanderung sinnvoll ab.

Die Wanderungen führen zu mystischen und spirituellen Plätzen, durch wildromantische Täler, entlang idyllischer Seen und gewähren traumhafte Fernblicke von Berggipfeln. Im Salzkammergut gibt es auf Schritt und Tritt Neues zu entdecken, auch manche verborgenen Aspekte des eigenen Daseins.

Die bei jeder Tour angeführten Wellness-Tipps umfassen ein sehr weites Spektrum. In ihrer Vielseitigkeit und Einfachheit sollen sie dazu anregen, sich selbst und die Umwelt aus einem anderen Blickwinkel heraus zu betrachten. Die Natur stellt uns unzählige Ressourcen zur Verfügung. An uns liegt es, diese für das persönliche Wohlbefinden in einem ganzheitlichen Sinne zu nutzen.

Die schönen Erfahrungen, die wir im Verlauf der Recherchen für dieses Buch gewonnen haben, wollen wir gerne an Sie weitergeben.

Wien, im März 2008

Roswitha Bauer
und Dieter Antensteiner

Im Einklang mit der Natur

Inhaltsverzeichnis

Das Salzkammergut

Kuraufenthalte im Salzkammergut blicken auf eine lange Tradition zurück. Bereits in der Zeit der Monarchie verbrachten vom Kaiserhaus abwärts viele Adelige, Bürger und Künstler ihre Sommerfrische inmitten der reizvollen Seen- und Berglandschaft. Die Wälder waren begehrte Jagdreviere. Der ursprüngliche Kern des Salzkammerguts entstand im Umfeld der Salzlagerstätten von Hallstatt, Altaussee und Bad Ischl. Bis zum Bau der Salzkammergutbahn Ende des 19. Jahrhunderts erfolgte der Salztransport hauptsächlich auf der Traun und über den Traunsee bis zur Donau. Die Salinen wurden vom Bereich der Bergwerke nach Ebensee verlegt. Die ausgedehnten Wälder in der Umgebung lieferten ausreichend Holz zur Befeuerung der Sudpfannen. Die oberste Verwaltungsbehörde des kaiserlichen Kammergutes, das Obersalzamt, hatte ihren Sitz in Gmunden. Das Kloster in Traunkirchen war bis zu seiner Aufhebung das geistliche Zentrum der Region. Die heutige Ferienregion Salzkammergut gliedert weitere Gebiete ein: Fuschlsee, Wolfgangsee, das Mondseeland (Mondsee und Irrsee), den Attergau mit dem Attersee und das Almtal.

Wasser und Salz

Die im Salzbergbau gewonnene Sole wird auch für Heilzwecke genutzt. Gymnastik im Solebad lindert Schmerzen des Bewegungsapparates und baut Stress ab. Wirkstoffe des Soleschlamms (Schlick) werden ebenso wie im Moorschlamm enthaltene Substanzen durch die Haut aufgenommen. Das Einatmen von fein zerstäubten Salzpartikeln in der Luft (Aerosole) wirkt schleimlösend und entzündungshemmend bei Erkrankungen der Atemwege. Das Wasser von Jodschwefelquellen dient unter anderem der Regeneration von Knorpelgewebe in den Gelenken. In Verbindung mit UV-Licht hilft es bei Schuppenflechte (Psoriasis). Warmes Heilwasser wirkt entspannend. Der Pfarrer Sebastian Kneipp dagegen schwor auf die Wirkung kalten Wassers zur Ankurbelung der Durchblutung.
Salz verleiht nicht nur unseren Nahrungsmitteln die notwendige Würze, wir benötigen es für den Stoffwechsel und Wasserhaushalt in unserem Körper. Durchschnittlich besteht jeder Mensch zu zwei Drittel aus Wasser. Wasser löst chemische

Substanzen, darunter auch Salz (Natriumchlorid). Es speichert und transportiert Energie und Informationen. Als Quell des Lebens dient Wasser der Reinigung und Erneuerung. Der globale Kreislauf symbolisiert den ewigen Wechsel des Werdens und Vergehens in der Natur.

Wellness

Der Begriff Wellness verbindet *Wellbeing* und *Fitness*. Sich verwöhnen zu lassen und bewusst auszuspannen sind wesentliche Aspekte jenes modernen Lebensstils, mit dem wir selbst die Verantwortung für unsere Gesundheit und für die Umwelt übernehmen. Körperliche Anstrengung und Erholung ergänzen einander in sinnvoller Weise. Das ganzheitliche Wellnesskonzept ist in einen gesetzmäßigen Zusammenhang eingebettet, in dem alle Dinge – auch Gefühle und Gedanken – miteinander verbunden sind. Die 5-Elemente-Lehre der Traditionellen Chinesischen Medizin (TCM) veranschaulicht diese zyklische Weltsicht. Im Spannungsbereich der polaren Kräfte Yin und Yang fließt Qi, die Lebensenergie. Der harmonische Wechsel von Bewegung und Innehalten, Einatmen und Ausatmen wird bei Qi-Gong-Übungen praktiziert. Die fünf Elemente Holz, Feuer, Erde, Metall und Wasser entsprechen verschiedenen energetischen Grundqualitäten. Da sie ineinander übergehen, werden sie auch als Wandlungsphasen bezeichnet. Nahrungsmittel können aufgrund ihres Geschmacks – sauer, bitter, süß, scharf oder salzig – einem der fünf Elemente zugeordnet werden. Während in der westlichen Küche die Inhaltsstoffe der Nahrungsmittel, z. B. Vitamine im Vordergrund stehen, ist in der 5-Elemente-Küche die energetische Wirkung wichtig. Die Kinesiologie (Lehre von der Bewegung) verbindet die Erkenntnisse der TCM mit jenen der westlichen Wissenschaft zu Übungen, die sich leicht auch im Arbeits- oder Schulalltag anwenden lassen.

Wandern

ist die schönste Art, eine Gegend kennenzulernen und gleichzeitig Kondition und Ausdauer zu trainieren. Einige Hinweise sollen beachtet werden:

Die *Routenauswahl* richtet sich nach der individuellen Befindlichkeit. Fangen Sie gemütlich an, wenn Sie nicht schon gut trainiert in den Urlaub fahren. Der Kreislauf braucht Zeit, um in Schwung zu kommen. Gehen Sie daher vor allem in der ersten

Stunde langsam, dennoch gleichmäßig und zügig. Legen Sie kurze Trinkpausen ein. Bei jedem Tourenvorschlag sind die Gehzeiten und Höhenunterschiede angeführt. Die Einteilung nach den Farben Blau, Rot und Schwarz bezeichnet ein entsprechend dem Schwierigkeitsgrad aufsteigendes Anforderungsprofil und erfolgt nach den allgemein üblichen Kriterien der Wanderwegmarkierungen. Sie soll Ihnen die Planung erleichtern.

- Blau: Leichte Wanderung mit geringen Höhenunterschieden auf gut begehbaren Wegen oder Forststraßen.
- Rot: Anspruchsvollere Bergwanderung auf Steigen oder Pfaden, die Trittsicherheit, etwas Ausdauer und Gehtüchtigkeit erfordert.
- Schwarz: Absolute Trittsicherheit, eine sehr gute Kondition, alpine Erfahrung und Schwindelfreiheit sind Voraussetzung. Ausgesetzte Wegabschnitte im felsigen Gelände können durch Seile, Leitern oder Trittklammern versichert sein. Eventuell kann für die Bewältigung einzelner Stellen der Einsatz der Hände erforderlich sein.

Ausrüstung

Wanderschuhe mit gutem Profil und nahtlose, saugstarke Socken – Ihre Füße werden es Ihnen danken. Bequeme Funktionskleidung – eventuell zum Wechseln. Wanderjacke, Regenschutz und Sonnenschutz – Creme, Brille und Kappe.
Rucksack mit Trinkflasche und Jause (auch wenn eine Einkehr geplant ist), Erste-Hilfe-Paket, Taschenlampe und Pfeife (im Notfall: sechs Ton- oder Lichtsignale in der Minute, eine Minute aussetzen und auf etwaige Antwort – drei Mal pro Minute – achten; so lange wiederholen, bis Hilfe kommt), Mobiltelefon.

Notruf

Euronotruf: 112
Rettung: 144
Bergrettung: 140

Wetter

Den aktuellen (Berg-)Wetterbericht erfahren Sie in den Tourismusbüros, von den Vermietern, bei regionalen Fernsehsendern mit Aufnahmen von Panoramakameras, im Internet. Planen Sie in Zweifelsfällen Ihre Tour so, dass Sie diese gefahrlos

Glasklares Wasser gehört zum Reichtum der Region.

abbrechen können. Geben Sie vor Aufbruch jemandem Ihr Wanderziel und die Route bekannt und erkundigen Sie sich nach der Beschaffenheit des Weges. Besprechen Sie Ihr Vorhaben gegebenenfalls mit Ihren Zimmervermietern.

Schlangen

Kreuzottern (*Vipera berus*) sind meist braun gefärbt mit einem schwarzen Zickzackmuster am Rücken. Die einzigen Giftschlangen im Tourengebiet stehen unter strengem Naturschutz. Die Kreuzottern sind nicht aggressiv und ziehen sich, wenn es möglich ist, zurück. Da ihre Körpertemperatur von der Umgebungstemperatur abhängt, trifft man sie an kühlen Tagen häufiger an, wenn sie sich sonnen. Schlangenbisse sind selten und nicht lebensgefährlich. Sollten Sie dennoch gebissen werden, suchen Sie unverzüglich eine/n Arzt/Ärztin auf. Sofortmaßnahmen: Ruhe bewahren, die betroffene Extremität ruhig stellen und ausreichend Flüssigkeit trinken. Vergiftungs-Informationszentrale und Notruf: Tel.: 01/406 43 43-0.

Weidevieh

Gehen Sie ruhig und zügig an Rindern und Pferden vorbei, halten Sie dabei Abstand und reizen Sie die Tiere nicht. Hunde nehmen Sie bitte an die Leine. Sollte der Hund angegriffen werden, lassen Sie ihn zu Ihrer eigenen Sicherheit laufen.

Von St. Georgen auf den Lichtenberg, 885 m

Kelten.Baum.Weg und „Das gläserne Tal"

Parkplatz/Kreisverkehr 542 m		Kogl 680 m		Kurhotel Rupp 592 m		Lichtenberg 885 m		Parkplatz/Kreisverkehr 542 m
	1 Std. ↗ 138 Hm		½ Std. ↘ 88 Hm		1½ Std. ↗ 293 Hm		2 Std. ↘ 343 Hm	

5 Std.
431 Hm

Charakter: Die gut ausgeschilderte Themenwege mit Spielplätzen und Stationen sind auch für Kinder gut geeignet; auf den Lichtenberg geht es meist auf Forststraßen durch Wald.
Ausgangspunkt: Parkplatz beim Kogler Kreisverkehr.
Anfahrt: A1, Abfahrt St. Georgen im Attergau, rechts auf der Umfahrungsstraße bis zum dritten Kreisverkehr; per Bahn von Vöcklamarkt (Westbahn) in Richtung Attersee bis Haltestelle Kogl (Attergaubahn: www.stern-verkehr.at).
Einkehr: Berggasthof Danter, Mo Ruhetag; Landgasthaus Spitzerwirt, Mo Ruhetag; Kurgarten-Café, Hotel Winzer.
Info: Tourismusverband St. Georgen im Attergau, Tel.: 07667/6386, www.attergau.at, www.keltenbaumweg.at; Führungen werden ab 10 Personen durchgeführt (Anmeldung im Tourismusbüro).
Kultur unterwegs: Der *Attergauer Kultursommer* bietet jedes Jahr im Juli und August musikalische Aufführungen auf hohem künstlerischen Niveau inmitten der schönen Landschaft des Attergaus. Informationen: Kulturkreis Attergau, Tel.: 07667/8672, www. attergauer-kultursommer.at.

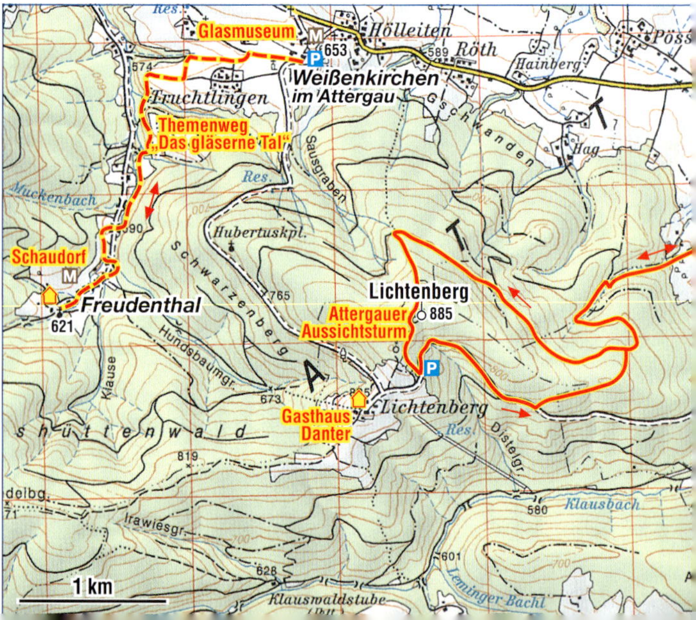

Vom 36 Meter hohen Aussichtsturm am Lichtenberg überblicken wir die Region des Attergaus. St. Georgen im Attergau war schon in der Eisenzeit besiedelt. In der nahe gelegenen Gemeinde Berg fand man Zeugnisse aus eisenzeitlichen Hügelgräbern. Die Hallstattkultur (ältere Eisenzeit, ca. 800/750–450 v. Chr.) löste die vorhergehende Bronzezeit ab. In dieser Periode veränderten sich Kultur und Wirtschaft. Die Gewinnung von Eisenerz und das Schmieden des harten Metalls erforderte ebenso wie das Eindampfen der Sole in den Sudpfannen große Mengen Holz. Vor allem die jüngere Eisenzeit (La Tène, ca. 450–15 v. Chr.) war von den Kelten geprägt. Die verschiedenen Stämme und Volksgruppen besiedelten Europa nördlich des Mittelmeerraumes von Kleinasien bis Irland. Sie hinterließen keine schriftlichen Aufzeichnungen, jedoch kunstvoll verzierte Waffen, Schmuck und Gebrauchsgegenstände. Der Kelten.Baum.Weg weiht uns in die Geheimnisse dieser faszinierenden Epoche ein und dient als Einstimmung für weitere schöne Wanderungen im Salzkammergut, in dem wir heute noch Spuren längst vergangener Kulturen vorfinden.

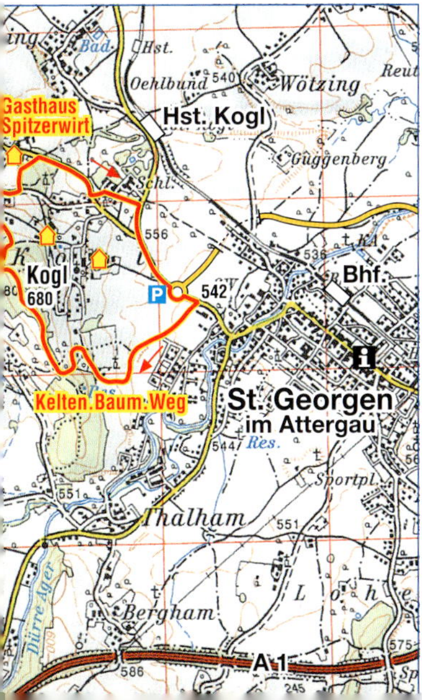

Wegverlauf

Wir wenden uns am Parkplatz beim **Kreisverkehr** in Richtung Osten und biegen rechts in die Straße ein, in deren Verlauf sich der Eingang zum Themenweg und die **„Insel der Natur“** befinden. Weitere Stationen informieren über das Leben der Kelten und über verschiedene Baumarten. Nach einem kurzen Straßenstück tauchen wir in den Wald ein. Entlang des Kogler Bergrückens gelangen wir zu dem nach der Heimatdichterin Anna Vogl benannten Platz.

Attergauer Aussichtsturm auf dem Lichtenberg

Es folgt ein großer **Abenteuerspielplatz**. Von der Burgruine sind nur noch wenige Mauerreste zu erkennen. Nun geht es bergab. Nach dem zweiten Ein- bzw. Ausgang halten wir uns zweimal links, kommen am **Kurhotel Rupp** vorbei und folgen geradeaus der Beschilderung auf den Lichtenberg. Forststraßen führen durch Wald in mehreren langgezogenen Kehren bergauf. Achten Sie auf die Wegmarkierung (rot-weiß-rot) und die Hinweistafeln (Lichtenberg-Rundwanderweg)! Der **Aussichtsturm** steht in der Nähe einer Sendeanlage. In südliche Richtung gehend, erreichen wir in wenigen Minuten die aus Thalham heraufführende Straße (Parkplatz). Wir folgen ihr abwärts, bis ein Wegweiser den nach links abzweigenden Pfad anzeigt, auf dem wir zur schon vom Aufstieg her bekannten Forststraße kommen. Auf dieser geht es zurück zum Themenweg, wo noch der letzte Erlebnispunkt, die **„Insel der Sinne“**, erkundet werden kann. Vorbei am Schloss Kogl erreicht man in einer guten ¼ Stunde den Ausgangspunkt.

Themenweg „Das gläserne Tal“

Der über 2,5 km lange Themenweg „Das gläserne Tal“ beginnt beim Glasmuseum in Weißenkirchen im Attergau und führt großteils durch Wald in das nun ruhige Schaudorf Freudenthal. Einst herrschte in ihm emsige Betriebsamkeit. Ab dem Beginn des 18. Jahrhunderts stand in dem Dorf eine Glashütte, die die Lebens- und Arbeitsbedingungen der Bevölkerung bestimmte. Die Produktion von Glaswaren – vor allem Gefäße für Apotheken – wurde 1942 eingestellt. Entlang des Weges erfahren wir Eindrucksvolles und Bemerkenswertes über Glas, das aus unserem Alltag nicht mehr wegzudenken ist. Glas ist ein amorpher Feststoff, der infolge der sehr rasch abgekühlten Schmelze keine Kristallgitter ausbildet. Glas wird daher als unterkühlte eingefrorene Flüssigkeit bezeichnet. Im Wald treffen wir auf viele illustre Gestalten, darunter auch „Brillenschlangen". Der Themenweg ist jederzeit zugänglich. Das Glasmuseum und Teile des Schaudorfes können nur im Rahmen einer Führung besichtigt werden. Informationen und Voranmeldung: Gemeindeamt Weißenkirchen im Attergau, Tel.: 07684/6355, www.dasglaesernetal.at.

Das Weltbild der Kelten

Nach dem Weltbild der Kelten verläuft das irdische Leben in einem ewigen Kreislauf. Die Tapferkeit der Krieger wird durch ein angenehmes Leben nach dem Tod in einer „Anderswelt" belohnt. An Halloween, dem Fest am Vorabend zu Allerheiligen, soll der Kontakt jener „Anderswelt" zu den Lebenden möglich sein. Die Kelten ehrten Plätze in der Natur, wie Eichenhaine, Inseln, Quellen, Flüsse und Seen. Wasser hatte eine starke mythische Bedeutung und Quellen galten als heilig. Die Namen vieler einheimischer Flüsse sind keltischen Ursprungs: zum Beispiel Donau, Isar, Enns, Traun und Ischl. In Landschaftsnamen sind die Weltbilder unserer Vorfahren und

Im „gläsernen Tal"

deren Kulte teilweise enthalten. Sie gewähren daher einen Blick zurück in die Vergangenheit. So finden wir zum Beispiel oft Orte mit „Höll"-Bezeichnungen in einem Talschluss oder einem anderen versteckten Winkel. Sie werden – ebenso wie der Hollerbusch und das Wort Höhle – der alteuropäischen Göttin der Unterwelt „Holde" zugeschrieben, die im Märchen als Frau Holle weiterlebt.
Aus ihr entstanden im keltischen Glauben die drei „Bethen". Sie verkörpern als Göttinnendreiheit den Lebenszyklus eines Menschen: Jugend, Entfaltung und Alter. Diese Trias finden wir auch bei den nordischen Nornen, bei den griechischen Moiren und den römischen Parzen. Als Schicksalsgöttinnen spinnen sie den Lebensfaden.
Ambeth ist der lebensgebärende Aspekt dieser Trias, die Mutter Erde. Ihr wird die Farbe Rot zugeordnet. Im Christentum wurde sie zur heiligen Margarethe, manchmal zur Magdalena. Wilbeth, die Weise, verweist auf den Schicksalsaspekt und verwandelte sich in die heilige Katharina, die Reine und Helle. Vielleicht leitet sich der Name Katrin im Katergebirge (!) von ihr ab, das sich als strahlend *weißer* Kalkstock hoch über Bad Ischl erhebt (Tour 16). Oft wird sie mit einem Rad als zyklisches Symbol für den Lebenslauf dargestellt. Borbeth schließlich finden wir in der Gestalt der heiligen Barbara, der Schutzpatronin der Bergleute wieder. Sie spendet als „Bergende" Geborgenheit und nimmt das Leben in ihren Schoß zurück, aus dem es entstand. In ihren Bereich fällt das Sterben, gekennzeichnet durch die Farbe Schwarz.

Wellness-Tipp: Das Qi, die Energie, wecken

Stellen Sie sich gerade hin, die Beine in hüftbreitem Abstand, die Schultern sind entspannt, die Arme hängen seitlich des Körpers nach unten, die Handflächen zeigen nach hinten. Die Finger sind ausgestreckt und leicht gespreizt. Nun gehen Sie in die Knie und schwingen mit beiden Armen von hinten nach vorne, nicht über die Schulterhöhe hinaus. Beim lockeren Zurückschwingen richten Sie sich etwas auf. Wiederholen Sie diese Bewegung etwa 50 Mal und lassen Sie sich dabei von Ihrem eigenen Rhythmus leiten. Eventuell kribbeln die Fingerspitzen. Die angenehme Wärme weist auf den gesteigerten Energiefluss hin.

Von Mondsee auf den Kolomansberg, 1098 m

Pilgerweg zu einer alten Holzkirche

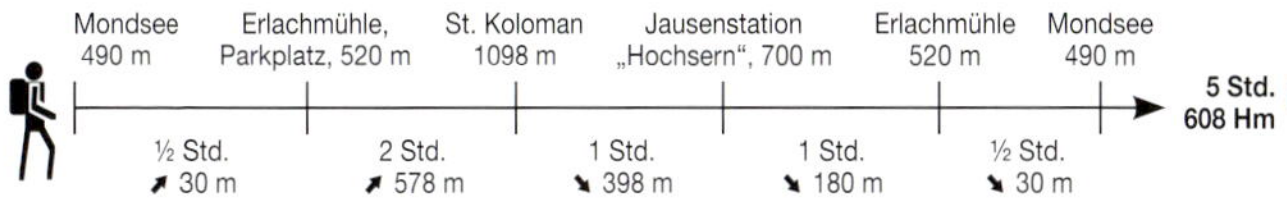

Charakter: Gut ausgeschilderte Wege, Aufstieg und Abstieg zum „Hochsern“ meist durch Wald.
Ausgangspunkt: Erlachmühle (Parkplatz). Zu Fuß auf dem Weg 7 von Mondsee durch das Helenental entlang der Zeller Ache erreichbar.
Anfahrt: A1 Abfahrt Mondsee in Richtung Straßwalchen, Zell am Moos, beim Gewerbepark links abbiegen: Hinweistafel „Region Kolomansberg“. Busverbindung von Salzburg nach Mondsee.
Einkehr: Jausenstation Erlachmühle, von 1. Mai bis 30. September ab 14.00 Uhr geöffnet, Mi Ruhetag, mit Steinofenbäckerei (vormittags); Gasthof-Pension Leidingerhof;
Jausenstation und Bio-Bauernhof Hochsien-Niederbrucker, vulgo „Hochsern“, Do Ruhetag.
Info: Tourismusverband Mond-SeeLand, Tel.: 06232/2270, www.mondsee.at.
Kultur unterwegs: *Heimat- und Pfahlbaumuseum Mondsee*, von 1. Mai bis 30. September täglich außer Montag, im Oktober Samstag, Sonn- und Feiertag geöffnet. Tel.: 06232/2895.
Tipp: *Mondseer Jedermann*: Die Mundartfassung des Stückes von Hugo von Hofmannsthal wird seit 1922 im Sommer aufgeführt, bei Schönwetter im Freien. Info: www.mondseer-jedermann.at.
Mondsee-Schifffahrt: Rundfahrten mit der MS Schafberg finden im Sommer täglich statt, bei Bedarf werden Abend- und Sonderfahrten durchgeführt. Tel.: 0676/6047644, www.schifffahrt-mondsee.at.

Der Legende nach hat der heilige Koloman auf seiner Pilgerreise von Irland nach Jerusalem an jener Stelle gerastet, auf der sich heute die älteste Holzkirche Österreichs befindet. In unmittelbarer Nähe stehen auf dem höchsten Punkt des Bergrückens zwei Radarkuppeln. Der Gipfel des Koloman(n)-Berges ist militärisches Sperrgebiet und darf daher nicht betreten werden; dennoch ist diese Tour bei Wanderern und Pilgern sehr beliebt. Der Quelle des Kolomansbründls wird heilende Wirkung für die Augen nachgesagt und sie war einst vielbesucht. Entlang des alten Pilgerweges verläuft nun auch der neue Europäische Pilgerweg „Via nova“ vom Benediktinerstift im bayerischen Metten nach St. Wolfgang.

Wegverlauf

Von **Mondsee** führt der Weg 7 entlang der Zeller Ache zur Erlachmühle, von der wir dem auch als „Via nova" ausgeschilderten Weg 8 folgen. Wir kommen zu einem Wildgehege und gehen durch Wald stetig bergauf. Die Wiesenschulter **„Schernthan"** mit Rastbank gewährt einen Ausblick in Richtung Süden. Schließlich erreichen wir die mit Schindeln verkleidete Kirche. Nun geht es weiter am Weg 8 steil bergab, am **Kolomansbründl** vorbei zur **Jausenstation „Hochsern"**. Für Kinder gibt es im Wald einen Erlebnisweg mit Abenteuerspielplätzen. Eifrige Wanderer unternehmen einen Abstecher zum **„Kolomanstaferl"**.

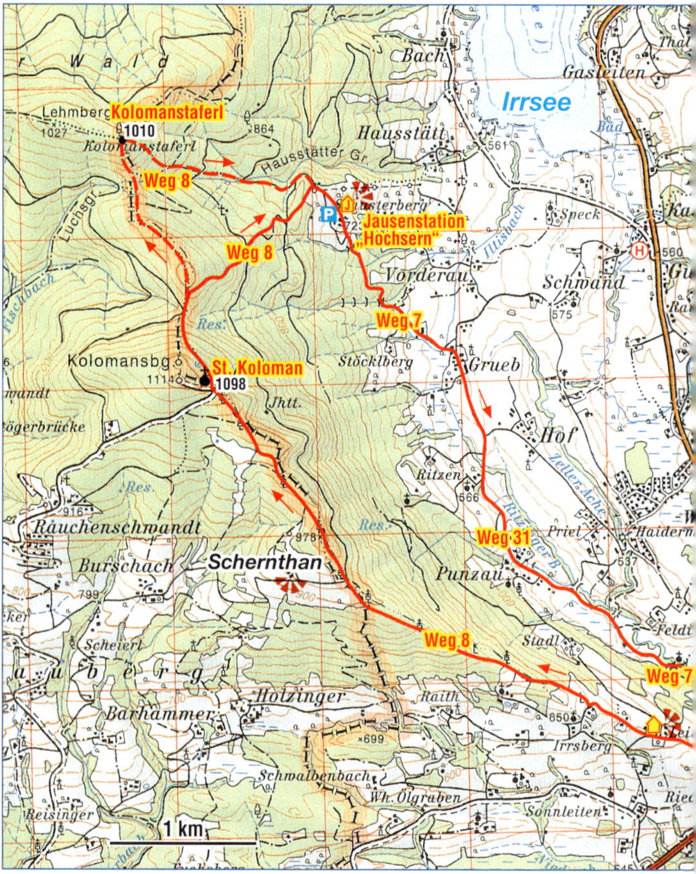

Wellness-Tipp: Der Weg der Achtsamkeit

Gehen Sie eine Zeitlang – eine ¼ bis ½ Stunde – langsam und spüren Sie dabei Ihren Körperempfindungen nach. Lassen Sie die Gefühle und Gedanken kommen und gehen, während Sie Ihre Konzentration ganz auf die Bewegung bündeln. Setzen Sie den Fuß mit der Ferse zuerst auf und rollen Sie ihn zu den Zehen hin ab. Heben Sie den zweiten Fuß erst, wenn das Körpergewicht auf den vorderen verlagert ist. Spüren Sie den weichen Waldboden! Richten Sie Ihre Aufmerksamkeit voll auf das Hier und Jetzt!

Der Rückweg erfolgt am Weg 7 und Weg 31 auf einer Straße vorbei am **Campingplatz Punzau**. Bei der gut sichtbaren roten Markierung auf einem Heustadl gehen wir geradeaus auf dem Feldweg weiter und erreichen so auf kürzester Strecke unseren Ausgangspunkt.

Mondseekultur

Jungsteinzeitliche Epoche von 3600 bis etwa 3000 v. Chr., benannt nach den Funden – Steinwerkzeuge, Gegenstände aus Kupfer und kunstvoll verzierte Keramik – im Raum Mondsee. Bereits vor 5000 Jahren – und bis in die Bronzezeit hinein – errichteten Menschen am Mondsee und Attersee auf feuchten Böden im Uferbereich der Seen Pfahlbauten. Durch das Ansteigen des Wasserspiegels wurden diese später überflutet und blieben im Schlamm des Seegrundes unter Luftabschluss der Nachwelt erhalten.

Schloss Fuschl mit See – im Hintergrund erstreckt sich der Kolomansberg.

Der heilige Koloman

Der heilige Koloman wollte in das Gelobte Land reisen, erreichte jedoch sein Ziel nicht. Irrtümlich wurde der fromme Mann für einen Spion gehalten und im Jahr 1012 in Stockerau aufgehängt. Der Legende nach hing seine Leiche ein Jahr später noch immer unverwest am Baum. Seine Gebeine wurden in die Stiftskirche Melk gebracht. Von nun an galt Koloman bei der Bevölkerung als heilig. Über 600 Jahre lang wurde er als Patron Niederösterreichs verehrt, bis ihn 1663 der heilige Leopold ablöste. In Österreich gibt es insgesamt 15 Kolomangedenkstätten.

Österreichs älteste Holzkirche auf dem Kolomansberg

Der Mühlenweg bei Ebenau

Wasserfall und Naturbadeplatz Plötz

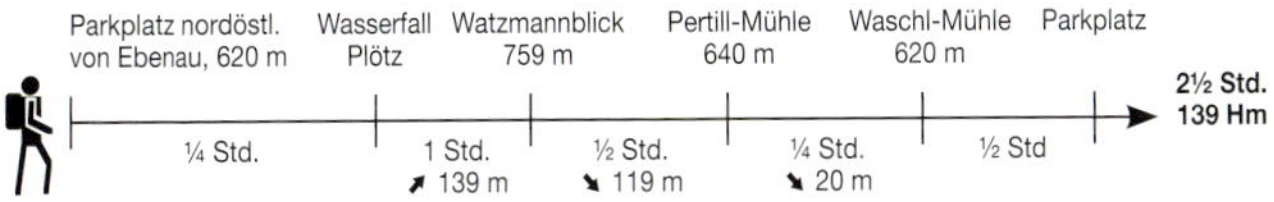

Charakter: Leicht und abwechslungsreich; auf Schautafeln sind neben Informationen über die geographischen Besonderheiten auch Spielvorschläge für Kinder angeführt. Vorsicht jedoch bei der Mühle oberhalb des Wasserfalls: hier besteht Absturzgefahr!
Ausgangspunkt: Parkplatz bzw. Bushaltestelle nordöstl. von Ebenau oder bei der Waschl-Mühle.
Anfahrt: Mit dem Auto aus Richtung Hof bei Salzburg oder Hallein; Busverbindung über Hof bei Salzburg.
Einkehr: Landgasthaus Schroffengut, ab 10.00 Uhr geöffnet, Mo Ruhetag; Gasthöfe in Ebenau.
Info: Tourismusbüro Ebenau, Tel.: 06221/8055.
Kultur unterwegs: *Fürsterzbischöfliche Waffenschmiede* und *Heimatmuseum* im Fürstenstöckl Ebenau. Von Juni bis September Di und Do von 10.00 bis 12.00 Uhr, Sa von 14.00 bis 17.00 Uhr geöffnet. Ebenau war bis zum 19. Jahrhundert ein Zentrum der Eisen-, Kupfer- und Messingverarbeitung.

Sieben Mühlen gewähren auf dieser interessanten Rundwanderung Einblicke in die bäuerliche Vergangenheit dieser Region. Die Kraft des Rettenbaches trieb die oberschlächtigen Mühlräder an. Das gemahlene Getreide diente der Selbstversorgung der Bevölkerung. Die erste Mühle entstand 1336, die meisten stammen aus dem 16. und 17. Jahrhundert. Einige waren noch in den sechziger Jahren des 20. Jahrhunderts in Betrieb. Jeweils zwei Besitzer teilten sich die Doppelmühlen Pertill- und Waschl-Mühle. Letztere ist als Schaumühle wieder in Betrieb und kann im Juli und August jeden Freitag von 18.00 bis 19.30 Uhr besichtigt werden (Mahlvorgang). In der Klamm lädt im Sommer das Naturbadebecken mit dem Wasserfall in der Plötz, einem Naturdenkmal, zu einer Abkühlung ein.

Wegverlauf

Die „Ebenauer Mühlenwanderung“ ist als Weg Nr. 61 gut beschildert. Vom Parkplatz bzw. von der Bushaltestelle nahe des **Gasthofes Schroffengut** erreichen wir in zehn Minuten die

Die Pertill-Doppelmühle

Hofbauer-Mühle als erste der fünf entlang des Rettenbaches errichteten Mühlen. Ein kurzer Pfad führt zum Wasserfall. Nach der **Schroffenau-Mühle** wandern wir durch Wald in Serpentinen hinauf zum **Watzmannblick**. Bei der Rastbank eröffnet sich die Aussicht in die Berchtesgadener Alpen. Bergab erreichen wir in einer ½ Stunde die **Pertill-Mühle** mit ihren zwei Mühlrädern. In Richtung Ebenau können wir bei einem Gehöft vorbei zum im Wald gelegenen Kneippbecken gehen. Um die **Waschl-Mühle** zu besichtigen, orientieren wir uns jedoch nach dem weit sichtbaren blauen Gebäude der Feuerwehr, in dessen Nähe sie sich befindet. An einigen Häusern vorbei, später auf Waldwegen gelangen wir zurück zum Ausgangspunkt.

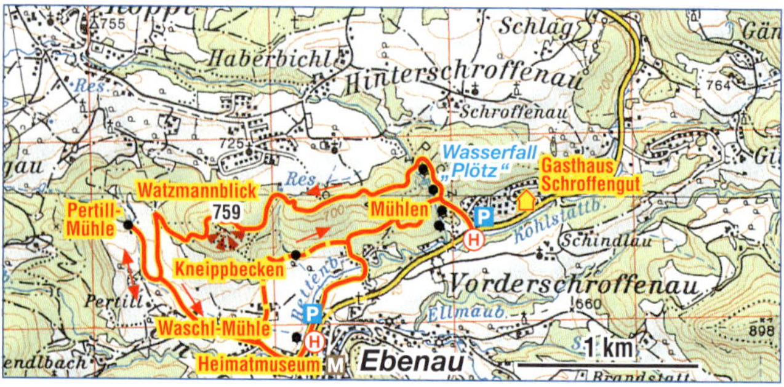

Ernährungs-Tipp: Getreide und Keimlinge

Die im Getreide enthaltenen Kohlenhydrate liefern Energie für körperliche und geistige Aktivitäten. Am häufigsten wird in unseren Regionen Roggen und Weizen angebaut. Der Urweizen Dinkel ist weniger ertragreich als Weizen, seine langen Stängel knicken leichter. Unreif geernteter und über Holzfeuer getrockneter (gedarrter) Dinkel wird als Grünkern bezeichnet. Sein „rauchiger“ Geschmack verfeinert Eintöpfe und Aufläufe. In der Traditionellen Chinesischen Medizin wirkt Grünkern als entgiftend für Leber und Gallenblase. Energiereich ist auch der zu Polenta (Grieß) vermahlene Mais. Er enthält Eisen, Phosphor, Kalzium, Kalium, Selen und B-Vitamine. Quinoa stammt aus Südamerika und bereichert wie die altbekannten Getreidesorten Gerste, Hafer, Hirse und der zu den Knöterichgewächsen zählende Buchweizen die moderne Vollwertküche.

Keimlinge sind geballte Vitalstofflieferanten und können aus Getreidekörnern, Bohnen, Linsen, Samen von Kresse, Bockshornklee, Radieschen usw. selbst gezogen werden. Sprossen liefern neuen Schwung und helfen gegen (Frühjahrs-)Müdigkeit. Die Körner je nach Größe einen halben oder ganzen Tag einweichen, gut abspülen und in einem Keimgerät zwei Tage im Dunkeln, weitere zwei bis sechs Tage – je nach Sorte – bei Licht feucht halten. Täglich ein- bis zweimal mit frischem Wasser abbrausen, sie dürfen nicht schimmeln. Keimlinge schmecken gut auf Butterbrot, in Suppen und Salaten.

Feichtenstein, 1249 m

Themenwege in Hintersee

Hintersee 746 m – Satzstein – Wasserfall 850 m – Feichtenstein 1249 m – Feichtensteinalm 1260 m – Hintersee 746 m

½ Std. | ½ Std. ↗ 104 Hm | 1½ Std. ↗ 399 Hm | ¼ Std. ↗ 11 Hm | 1¾ Std. ↘ 514 Hm

4½ Std.
514 Hm

Charakter: Der Themenweg „Waldzauber Hintersee" ist ein Spaziergang und kinderwagentauglich, beim Erlebnisweg „Wasserwunder Tiefenbach" sind über Stufen etwa 100 Höhenmeter zu bewältigen. Zur Feichtensteinalm führt eine markierte Forststraße, der Karrenweg über eine Almweide zum Gipfel des Feichtensteins ist nicht markiert. Achtung: Gleich hinter dem Gipfelkreuz fällt unmittelbar die steile Felswand ab! Absturzgefahr!
Ausgangspunkt: Ort Hintersee.
Anfahrt: A1 Abfahrt Thalgau über Hof und Faistenau; A10 aus Hallein über Ebenau auf schmaler Straße durch die Strubklamm; Busverbindung über Faistenau bis Lämmerbach am Talende, im Sommer nur werktags; im Winter auch an Sonn- und Feiertagen, wenn die Bergbahnen in Betrieb sind.
Einkehr: Die Feichtensteinalm ist zur Almsaison bewirtschaftet; Gasthof Hintersee, außer in der Hauptsaison Di Ruhetag; Landgasthof Lindenwirt, kein Ruhetag.
Info: Gemeinde Hintersee, Tel.: 06224/214, www.hintersee.salzburg.at.
Kultur unterwegs: *Puppenstubenmuseum* im Joseph-Mohr-Haus, gegenüber dem Gasthof Hintersee. Täglich von 12.00 bis 17.00 Uhr geöffnet, in der Nebensaison Di sowie im April und November geschlossen. Info: www.hintersee.at. Das Haus ist nach dem Pfarrvikar Joseph Mohr benannt, der von 1827 bis 1837 im Pfarrhaus Hintersee wohnte. Er verfasste den Text des weltberühmten Weihnachtsliedes „Stille Nacht, heilige Nacht".
Tipp: *Felsenbad:* Naturbadeplatz mit Felsterrassen und Auskolkungen. Es befindet sich bei der Brücke über den Almbach unterhalb der Straße, die durch die Strubklamm (Naturdenkmal) nach Hallein führt.

Wegverlauf

Wir folgen dem Themenweg „Waldzauber Hintersee" entlang des Tauglbaches, überqueren die Straße und gehen am Waldrand zum Satzstein. Hier beginnt der Themenweg „Wasserwunder Tiefenbach". Der Tiefenbach bildet beeindruckende Kaskaden und etwas oberhalb einen mächtigen Wasserfall, der von einem hölzernen **Aussichtsplateau** besonders gut bestaunt werden kann. Dort besteht die Möglichkeit, die Tour als Rundwanderung zurück nach Hintersee abzuschließen.

Schautafeln entlang der beiden Themenwege informieren über die Dynamik des Wassers sowie über Vogelarten. Am Tauglbach wurde eine niedrige Plattform errichtet. Auf mehreren Infotafeln unterhalb des Feichtensteins erfahren wir so manches über die Schutzfunktion und die Baumarten des Waldes. Aber auch „Dorfgeschichten“ werden erzählt. 1919 wurde eine Waldbahn in Betrieb genommen, deren Trasse noch zu sehen ist. Die Felsformation Satzstein wird als „Irrblock“ oder „Findling“ bezeichnet. Ein Gletscher transportierte den riesigen Felsbrocken in der letzten Eiszeit weit weg vom ursprünglichen Entstehungsort. Die steile Felswand des Feichtensteins oberhalb des Waldes bildete sich aus einem Korallenriff des Urmeeres, das bei der Alpenauffaltung über den darunterliegenden Hauptdolomit geschoben wurde.

Wir jedoch wandern an der **Untertiefenbachalm** vorbei auf der Forststraße und dem Karrenweg weiter zum **Feichtensteingipfel** und anschließend zur Alm. Die Aussicht auf die

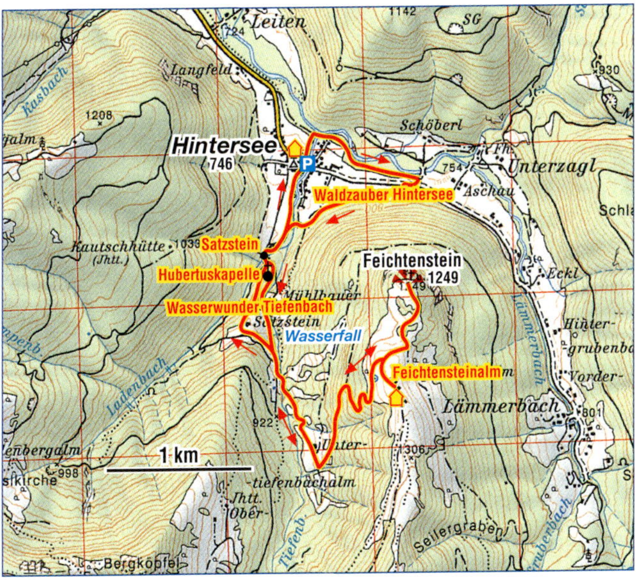

Gebirgswelt der Osterhorngruppe und eine zünftige Jause winken als Belohnung. Von Osten nach Westen blicken wir auf das Königsberger Horn, Genner-, Gruberhorn und Regenspitz, unter dem sich die Jausenstation Berg-Alm befindet. Der Abstieg erfolgt auf gleicher Route bis zum **Wasserfall**, von hier weiter am Weg 851. Kurz vor dem Satzstein zweigt ein Steiglein zur Hubertuskapelle ab.

Kaskaden am Tiefenbach

Zusätzlicher Wandertipp: Naturdenkmal „Eiskapelle“

Durch das Grießbachtal gelangt man auf einer Forststraße (Weg 51a) zu den beeindruckenden Eisformationen mit Gewölben im Talkessel unterhalb des Wieserhörndls. Gehzeit hin und zurück: 1 Std. Am Ausgangspunkt gibt es einen kleinen Parkplatz und eine Bushaltestelle. Von hier kann auch eine romantische Umrundung des Hintersees erfolgen.

Ernährungs-Tipp: Wasser trinken

Der menschliche Körper besteht durchschnittlich zu 70 % aus Wasser, das alle chemischen und physikalischen Abläufe steuert, Energie und Informationen weiterleitet. Über den Tag verteilt benötigen wir 1,5 bis 2 Liter Wasser. Beim Wandern verlieren wir durch Schwitzen viel Flüssigkeit – bis zu einem Liter pro Stunde – und darin gelöste Salze. Zusätzlich zum Leitungs- oder Quellwasser empfiehlt es sich bei körperlicher Anstrengung elektrolythaltige Getränke oder verdünnte Fruchtsäfte zu trinken.

Filbling, 1307 m

Gipfelwiese mit prachtvoller Aussicht

Fuschl 670 m	Abzw. Weg 40	Höfnerhäuser 770 m	Filbling 1307 m	Filblingsee 1064 m	Fuschl 670 m
1 Std.	½ Std. ↗ 100 Hm	2¼ Std. ↗ 537 Hm	½ Std. ↘ 243 Hm	1¼ Std. ↘ 394 Hm	

5½ Std. 637 Hm

Charakter: Bestens ausgeschilderte Bergwanderung. Eine gute Kondition ist aufgrund der Weglänge erforderlich sowie Trittsicherheit am wurzelreichen Kammweg. Vorsicht bei Nässe! Wanderstöcke sind empfehlenswert. Jause und Getränk mitnehmen.
Ausgangspunkt: Fuschl am See, Ortszentrum oder Strandbad (die Parkplätze sind im Sommer gebührenpflichtig).
Anfahrt: A1 Abfahrt Thalgau; Busverbindung von Salzburg und Bad Ischl.
Einkehr: Während der Wanderung keine; Gaststätten in Fuschl und entlang des Uferweges. Tipp: Die Dinkel-Konditorei und Restaurant Hermine Rizzoll in Fuschl am See, Kirchengasse 9, verwöhnt ihre Gäste mit Spezialitäten aus biologischer Landwirtschaft und dem Bio-Eis „Rizolati" ohne chemische Zusatzstoffe. Mi Ruhetag.
Info: Tourismusverband Fuschlsee, Tel.: 06226/8250, www.fuschlseeregion.com.
Tipp: Verbinden Sie die Wanderung mit einer romantischen *Zillenfahrt* über den See zum Schloss Fuschl, wo geräucherter Fisch angeboten wird. Zillen fahren vom 1. Mai bis Ende Oktober von Fuschl Promenade. Fahrplan-Auskunft: Tel.: 06226/8644.
Faistenauer Jedermann: Die Freilichtaufführung des Spiels vom Sterben des reichen Mannes in der Dialektfassung nach Hugo von Hofmannsthal findet alle drei Jahre – das nächste Mal 2010 – am Dorfplatz von Faistenau unter der tausendjährigen Linde statt. Info: www.alte-linde.at.

Der Fuschlsee ist bei Badenden, Tauchern und Fischern gleichermaßen beliebt. 13 verschiedene Fischarten leben in dem Wasser, das Trinkwasserqualität aufweist, darunter sind Forelle, Äsche, Reinanke, Rotauge, Elritze, Hecht, Aal und Flussbarsch. Die Restaurants und Gaststätten rund um den See bieten fangfrischen Fisch an.

Wegverlauf

Wir gehen auf dem Weg 30 am Südufer des Fuschlsees entlang, bis wir das malerische Schloss Fuschl erblicken. Unser Weg 40 zweigt nach links ab und führt durch Wald bergauf

über die Bundesstraße. Dort folgen wir dem „Fuschlsee-Wanderweg“ 97 in Richtung Arabella Sheraton Hotel. Wir befinden uns ein gutes Stück oberhalb des Sees und schauen jetzt auf das Schloss hinunter. Im Norden erstreckt sich der bewaldete Rücken des Kolomansberges mit den zwei weithin sichtbaren weißen Radarkuppeln. Nach den **Höfnerhäusern** zweigt der Weg 40 auf den Filbling links ab.
Bei einer Kapelle geht es durch Wald teils steil, teils flacher am Kamm entlang bis zum Gipfel. Beachtenswert ist die unterschiedliche Vegetation auf den beiden Seiten des Weges: Links – in Richtung Fuschlsee – wachsen Buchen mit üppig sprießendem Bärlauch im Unterwuchs, während sich rechts – in Richtung Faistenau – ein Nadelwald ausbreitet.
Das **Gipfelkreuz** steht am Rande einer Wiese. Mit etwas Glück sehen wir Schmetterlinge wie den prächtigen Schwalbenschwanz. Unterhalb des Wiesenkammes gedeiht der Seidelbast. Für den Abstieg halten wir uns weiter am Weg 40 bzw. 804 nach Fuschl und treffen auf den von Faistenau herauf-

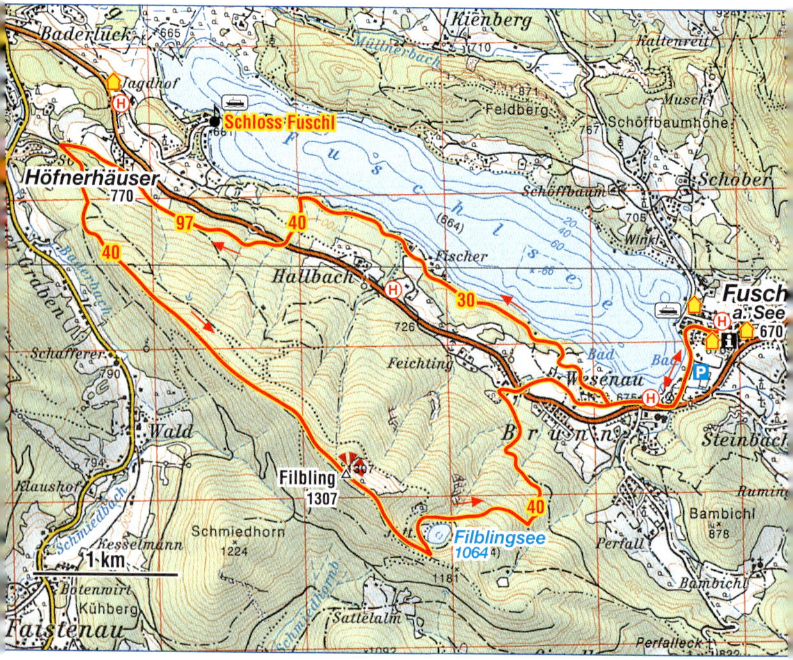

Filbling mit Gipfelwiese

kommenden „Arnoweg". Der **Filblingsee** liegt idyllisch in einem kleinen Bergkessel. Von hier benützen wir bergab die steile Forststraße.

Arnoweg

Der 1200 Kilometer lange Arnoweg verläuft in 63 Etappen entlang der Salzburger Landesgrenze. Der Rundweg wurde anlässlich des Jubiläums „1200 Jahre Erzbistum Salzburg" errichtet und verbindet kirchengeschichtliche, kulturelle und landschaftliche Höhepunkte des Bundeslandes. Im Jahre 798 erhob der Papst auf Weisung Karls des Großen Bischof Arno zum ersten Erzbischof von Salzburg.
Der Weitwanderweg beginnt bei der Festung Hohensalzburg. Auf einfachen Routen führt er auf Berggipfel, durch Klammen und in das Seengebiet der Voralpen.

Wellness-Tipp: Auf den Boden achten

Trittsicherheit erlangt man durch Übung. Konzentrieren Sie sich auf einen festen Bodenkontakt der Fußsohlen und spüren Sie dabei die verschiedene Beschaffenheit des Untergrundes im Verlauf dieser Rundwanderung. Machen Sie beim Abwärtsgehen kleinere Schritte und beugen Sie leicht die Knie.

Frauenkopf, 1303 m, und Schober, 1328 m

Stille Wächter zwischen Fuschl- und Mondsee

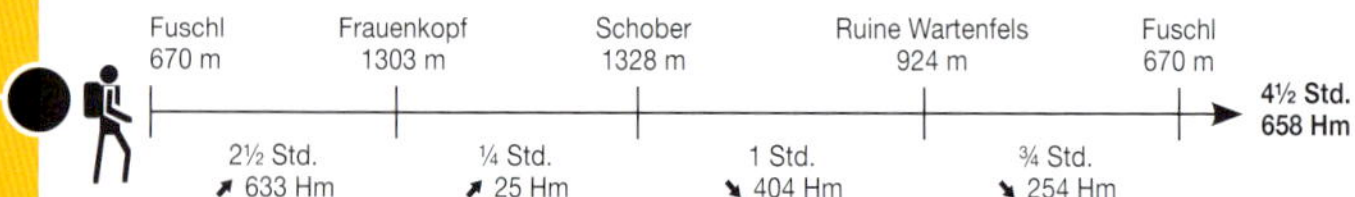

Charakter: Die Rundtour (Schwierigkeit: schwarz; Dauer: 2 Stunden) am mit Seilen und Trittklammern versicherten Steig auf Frauenkopf und Schober ist nur für Wanderer mit Bergerfahrung, Trittsicherheit und Schwindelfreiheit geeignet. Für diejenigen, die es lieber gemütlich angehen, bietet auch die Ruine Wartenfels schöne Ausblicke. Sie ist auf einfachem Weg erreichbar (Schwierigkeit: blau).
Ausgangspunkt: Fuschl am See, Ortszentrum.
Anfahrt: A1 Abfahrt Thalgau; Busverbindung von Salzburg und Bad Ischl.
Einkehr: Forsthaus Wartenfels, täglich von 10.00 bis 23.00 Uhr geöffnet, Mo Ruhetag.
Info: Tourismusverband Fuschl am See, Tel.: 06226/8250, www.fuschlseeregion.com.
Tipp*: FUSCHLsehWEG:* Schautafeln und Erlebnisstationen mit ökologischen Inhalten; führt rund um den See. Gehzeit: 3½ Std., Länge: ca. 12 km. Folder mit weiteren Wanderwegbeschreibungen sind im Tourismusbüro erhältlich.

Von Fuschl aus lassen sich viele lohnende Touren in den verschiedensten Schwierigkeitsgraden unternehmen. Das individuelle Können und die Kondition bestimmen, ob Sie lieber eine anspruchsvolle Bergtour oder eine gemütliche, auch für Kinder geeignete Genusswanderung – wie etwa den Zwergerlweg oder den Märchenweg Schafbachalm – unternehmen. Abwechslung, Naturerlebnisse und Ausblicke auf die prächtigen Salzkammergutseen und -berge sind garantiert.

Wegverlauf

Im Ortszentrum von **Fuschl** beginnt der Weg 10 zur Ruine Wartenfels. In ¼ Stunde erreichen wir den Dehnungs- und Kräftigungsplatz des Vitalhotels „Ebner's Waldhof am See". Bald darauf durchquert man zügigen Schrittes ein Übungsgelände für Golfer. Nach dem großen Gehöft **„Schober"** befindet sich bei einer Stechpalme und einem Bildstock eine Rastbank, von der wir die Aussicht auf den Fuschlsee und den gegenüberliegenden Filbling genießen können. Nach ½ Stunde sanft aufwärts durch Wald kommen wir zur Abzweigung des Schoberrundweges. Etwas später warnt eine rote Tafel, dass der Steig nur von „Geübten“ begangen werden soll. Von hier besteht die Möglichkeit, direkt zur Ruine bzw. zum Forsthaus Wartenfels zu wandern. Auf engen, steilen, teils schottrigen Serpentinen erreichen wir das Gipfelkreuz des **Frauenkopfs**. Hinter der Notunterkunftshütte erleichtern Trittklammern den Aufstieg zum **Schobergipfel**. Die grandiose Aussicht reicht bis zum Dachstein! Der nun folgende Abstieg ist durch Drahtseile gut versichert. Nach der Besichtigung der **Ruine Wartenfels** genießen wir die bodenständige Küche im rustikalen Forsthaus. Der Weg 10 führt nun wieder in den Ort **Fuschl** zurück.

Paracelsus und die Ruine Wartenfels

Die Ruine Wartenfels wurde 1259 von Konrad von Kalham errichtet und 1301 an den Erzbischof Konrad IV. von Salzburg verkauft. Die Burg diente bis in das 16. Jahrhundert zum Schutz der Salzburger Landesgrenze gegen das bayerische Mondseeland (Gerichtssprengel Wartenfels). 1564 wurde ein neues Gerichtsgebäude in Thalgau errichtet, seitdem verfiel die Burg. Der als Theophrastus Bombastus von Hohenheim 1493 im Schweizer Ort Einsiedeln geborene und unter dem

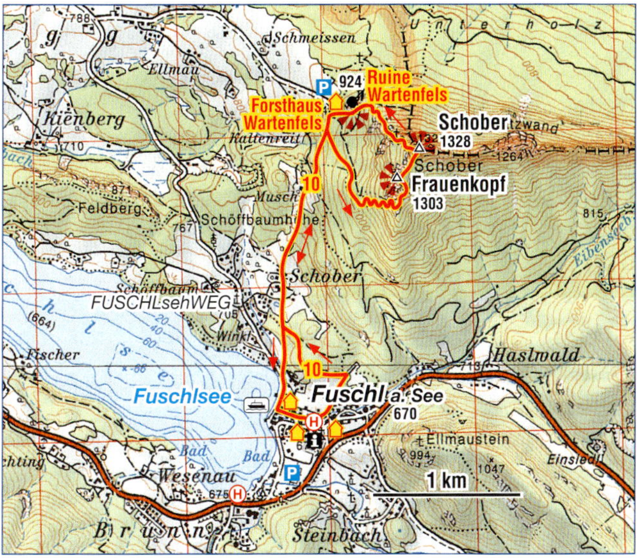

Ruine Wartenfels

Namen Paracelsus berühmt gewordene Arzt soll eine Zeitlang auf der Burg gelebt haben, bevor er nach Salzburg weiterreiste, wo er 1541 verstarb. Auf seine Experimentierfreudigkeit bezieht sich der „Schwarze Hexengarten“ hinter dem Forsthaus Wartenfels, in dem auch Giftpflanzen wachsen. Deren Kenntnis ist für diejenigen besonders wichtig, die gerne wieder selber Kräuter sammeln, um die essbaren von den giftigen zu unterscheiden. Zum Verwechseln ähnlich sehen sich zum Beispiel die Blätter des Bärlauchs und der Maiglöckchen. Die in den Tourismusregionen angebotenen geführten Kräuterwanderungen sind sehr empfehlenswert. Paracelsus befasste sich als Arzt, Naturforscher und Philosoph auch mit Astronomie und Alchemie. Er verließ den Elfenbeinturm der damaligen Gelehrten und sammelte im Laufe seines Wanderlebens reichhaltige Erfahrungen mit volkstümlichen Heilmitteln. Sein Name steht heute noch für „ganzheitliche“ Heilmethoden, die ebenso wie jene der Benediktinerin Hildegard von Bingen (1098–1179) tief in einem spirituellen Weltbild verwurzelt sind. Für beide beruhte Medizin auf Natur- und Gotteserkenntnis.

Wellness-Tipp: Stretching

Die sanfte Form des Dehnens eignet sich gut zum Aufwärmen der Muskeln, Sehnen und Bänder vor dem Wandern, Nordic Walking und Jogging oder danach als entspannender Abschluss. Benützen Sie die vielen Anregungen und hölzernen Geräte am Dehnungs- und Kräftigungsplatz für Ihr individuelles Fitnessprogramm, das möglichst alle Körperbereiche einbeziehen soll.

Steinklüfte und Falkensteinkirche

Mystisches und Spirituelles am Wolfgangsee

St. Gilgen 545 m	Steinklüfte 650 m	Winkl 600 m	Fürberg 545 m	Falkensteinkirche, 717 m	Aberseeblick 795 m	Fürberg 545 m	St. Gilgen 545 m
½ Std. ↗ 105 Hm	½ Std. ↘ 50 Hm	¼ Std. ↘ 55 Hm	¾ Std. ↗ 172 Hm	½ Std. ↗ 78 Hm	¾ Std. ↘ 250 Hm	¾ Std.	

4 Std. 355 Hm

Charakter: Am Rückweg von der Falkensteinkirche über den Abersee- und Scheffelblick ist Trittsicherheit erforderlich. Einfache, etwas längere Tour; aufgrund vieler Naturbesonderheiten und Sehenswürdigkeiten zusätzliche Zeit einplanen! Für Kinder ist das Gebiet der Steinklüfte ein Abenteuerspielplatz.
Ausgangspunkt: St. Gilgen, Ortszentrum (in der Hauptsaison Kurzparkzone), Parkplatz bei der Zwölferhorn-Seilbahn (gebührenpflichtig).
Anfahrt: B158, per Auto oder Bus aus Salzburg, Bad Ischl oder Mondsee.
Einkehr: Gasthaus Fürberg, Gaststätten in St. Gilgen.
Info: St. Gilgen Wolfgangsee Tourismus, Tel.: 06227/2348, www.wolfgangsee.at.
Tipp: Rückfahrt von Fürberg oder St. Wolfgang mit dem Schiff, fährt von Ende April bis Ende Oktober. www.wolfgangseeschifffahrt.at.
Benediktinerkloster Gut Aich in Winkl mit angeschlossenem Hildegardzentrum: Ausbildungskurse und Therapien, Kräuterliköre, Naturprodukte, Kosmetik, Tinkturen, Essig und Öle. Tel.: 06227/7391 oder 2318, www.europakloster.de

Dieser Tourenvorschlag gliedert sich in zwei Abschnitte. Die Steinklüfte sind wildromantisch, mit kleinen Höhlen und Klammen. Der Weg zur Falkensteinkirche verläuft auf einem alten Pilgerweg mit vielen spirituellen Plätzen. Schöne Aussichten bietet der Rückweg.

Wegverlauf

Von **St. Gilgen** gelangen wir durch die Steinklüftegasse zur Bundesstraße in Richtung Mondsee, die wir überqueren. Hier beginnt der „Erlebnisweg Steinklüfte“ 17 zu den Felsen, die einst vom Plombergstein herabstürzten und nun ein **Labyrinth** mit verwinkelten Gängen (Teufelsschlucht) und Höhlen (Kalte Kuchl, Franzosenhöhle) bilden. Nicht nur für Kinder ist deren Erkundung erlebnisreich!
Jetzt folgen wir dem „Güterweg St. Gilgen“. Auf ihm verläuft der Österreichische Weitwanderweg Voralpen 04. Nach fünf

Minuten führt der Weg 18 rechts in den Wald hinein, später über Wiesen und an Häusern vorbei. Im Ort **Winkl** überqueren wir wieder die Bundesstraße, biegen unmittelbar nach dem **Kloster Gut Aich** rechts ab (Weg 20) und kommen teils auf der Straße, teils auf einem Fußweg zum Ufer des Wolfgangsees. Hier halten wir uns nach links und folgen der Beschilderung zur **Falkensteinkirche**. Nach deren Besichtigung geht es weiter zum **Brunnenhaus** (Augenbründl) und zur Kapelle „Zeichen im Stein" am **Falkensteinsattel**.
Während der alte Wallfahrerweg, auf dem nun auch der neue Europäische Pilgerweg „Via nova" angelegt wurde, weiter nach St. Wolfgang führt, zweigen wir rechts ab und gehen über Holzstufen einen felsigen Steig hinauf zum **„Aberseeblick"** mit seiner prachtvollen Aussicht auf den See und in die südlich gelegene Bergwelt. Nach ¾ Stunden erreichen wir vorbei am **„Scheffelblick"** den Parkplatz in Fürberg, wo wir im See baden können.
Für diejenigen, die noch Lust und Kraft haben, ist die Rundtour (Gehzeit: 45 Minuten) zum Ochsen- und Hochzeitskreuz

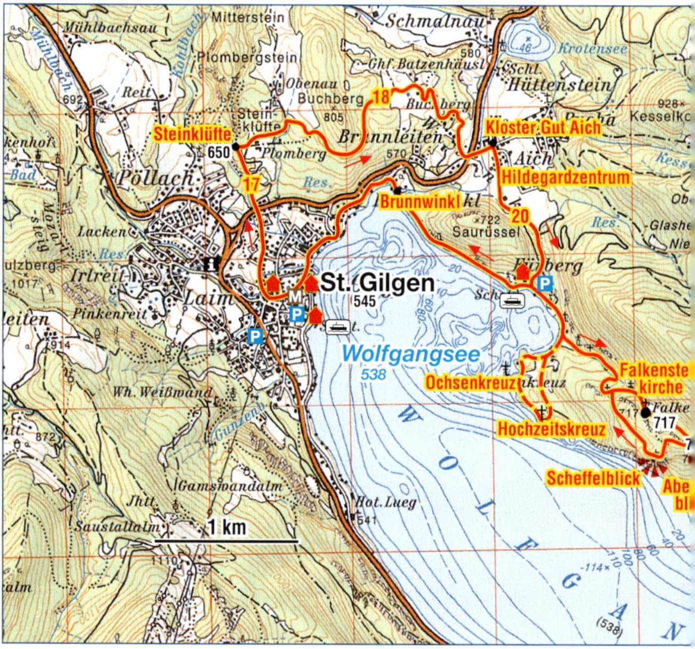

Die legendenumrankte Falkensteinkirche

empfehlenswert. Auch hier gibt es entlang des Pfades Naturbadeplätze. Das **Gasthaus Fürberg** lädt zur Einkehr ein. Wer will, fährt mit dem Schiff zurück nach **St. Gilgen** oder wählt den zwischen See und Felsen hübsch angelegten Fußweg.

Brunnwinkl und die Sprache der Bienen

In Brunnwinkl erforschte Karl von Frisch die „Sprache" der Bienen, ihren Geruchssinn und die Fähigkeit, Farben zu sehen. Er erhielt 1973 gemeinsam mit dem Verhaltensforscher Konrad Lorenz den Nobelpreis für Medizin und Physiologie über „Organisation und Auslösung von individuellen und sozialen Verhaltensmustern". Bienen, die zum Stock zurückkehren, teilen ihren Artgenossen mit komplexen „Tänzen" mit, wo und in welcher Entfernung sich Futterstellen befinden. Die Dauer und Intensität des Tanzes, der sich aus Schwänzel-

und Rundtänzen zusammensetzt, gibt Auskunft über die Qualität der Nahrungsquelle.

Hochzeitskreuz am Ufer des Wolfgangsees

Legenden um den heiligen Wolfgang

Der Benediktiner und Bischof von Regensburg Wolfgang lebte von 924 bis 994. Der Legende nach soll ihm eine Aushöhlung in der Felswand des Falkensteins, das „Wolfgangibett", als Lager gedient haben. Im Felsen befindet sich eine „Durchkriechstelle", bei der Sünden und Krankheiten abgestreift werden können. Davor wurde später die Kirche angebaut. Nicht weit entfernt sprudelt in einer Kapelle heilsames Quellwasser gegen Augenleiden. In einer nahegelegenen zweiten Kapelle hinterließ der heilige Wolfgang Abdrücke als „Zeichen im Stein". Und wieder nur ein kleines Stück entfernt liegt jener Ort, von dem er mit gezieltem Wurf eines Beils den Standort der Kirche in St. Wolfgang auswählte. Sie stellt auch heute noch ein überaus beliebtes Wallfahrtsziel dar.

Ernährungs-Tipp: Kräutersalz

Mahlen Sie frische, gewaschene und gut abgetrocknete Kräuter Ihrer Wahl – Basilikum, Thymian, Salbei, Majoran usw. – gemeinsam mit grobkörnigem Stein- oder Meersalz in der Küchenmaschine so lange, bis das Salz grün gefärbt ist, und bewahren Sie es in einem gut verschließbaren Glasgefäß auf. Es schmeckt wunderbar würzig und ist viel gesünder als das herkömmliche Kochsalz.

Zwölferhorn, 1521 m

Hoch über St. Gilgen

Bergstation 1468 m		Zwölferhorn 1521 m		Pillsteinhöhe, 1478 m		Arnikahütte, 1430 m		Bartl-/Lärchenhütte, 1070 m		GH Weißwand 770 m		Talstation 560 m
	¼ Std. ↗ 53 Hm		½ Std. ↘ 43 Hm		½ Std. ↘ 48 Hm		1¼ Std. ↘ 360 Hm		1 Std. ↘ 300 Hm		½ Std. ↘ 210 Hm	

4 Std. ↗ **53 Hm** ↘ **961 Hm**

Charakter: Gut bezeichnete Wege und Forststraßen, vorwiegend im Wald. Der breit angelegte Panoramarundweg ist auch für Kinderwägen geeignet: 3,5 km, Gehzeit: 1 Std. Der Lichteneggersteig ist etwas steil, er kann auf einer Forststraße umgangen werden. Für das „Steigermahdl" ist Trittsicherheit und gutes Schuhwerk erforderlich.
Ausgangspunkt: Zwölferhorn-Seilbahn, Bergstation.
Anfahrt: B158, gebührenpflichtiger Parkplatz an der Bundesstraße schräg gegenüber der Talstation; Busverbindung von Salzburg und Bad Ischl.
Einkehr: Berggasthöfe und bewirtschaftete Almhütten. Tipp: Aberseer und Wolfgangseer Schafkäse, Schafjoghurt und Milch in vielfach ausgezeichneter Spitzenqualität vom Bio-Bauernhof Familie Eisl in Farchen, Abersee, Tel.: 06227/3234, www.schafkaese.at.
Info: St. Gilgen Wolfgangsee Tourismus, Tel.: 06227/2348, www.wolfgangsee.at; www.12erhorn.at.
Kultur unterwegs: *Mozartgedenkstätte*, Geburtshaus von Mozarts Mutter, geöffnet von Juni bis Sept., Di bis So von 10.00 bis 12.00 Uhr und von 14.00 bis 18.00 Uhr.

Mit der nostalgischen Zwölferhorn-Seilbahn überwinden wir bequem 908 Höhenmeter und überblicken kurz darauf die Bergwelt des Salzkammergutes vom Gipfel des Zwölferhorns. Entlang des Panoramarundweges informieren Tafeln über die Pflanzenarten des Gebietes. Am Lichteneggersteig blieben Reste eines Urwaldes erhalten. In natürlichen, nicht geschlägerten Wäldern stellen abgestorbene Bäume – das sogenannte Totholz – wichtige Lebensräume für viele Tier- und Pilzarten dar. Sie beherbergen Insekten, die wiederum Vögel anlocken, wie Baumhöhlen bewohnende Spechte. Stehendes Totholz bietet Unterschlupf, Deckung, Schlaf- und Brutplätze sowie Überwinterungsorte für viele Lebewesen. Die Arten- und Biotopvielfalt verhindert die Massenvermehrung von Schädlingen. Fällt der Stamm schließlich um, zersetzt er sich langsam zu Mulm, von dem sich Würmer und andere Bodentiere ernähren.

Wegverlauf

Von der **Bergstation** gelangen wir über eine Metallstiege oder einen breit angelegten Pfad zu einer Aussichtsplattform und zum Gipfel des **Zwölferhorns**. Trittsichere Wanderer steigen direkt zur **Arnikahütte** ab – der bequemere Panoramarundweg beginnt in der Nähe der Bergstation. Ein kurzer Abstecher führt zum Kreuz der **Pillsteinhöhe**, die wir danach umrunden. Wir kommen wieder zur **Arnikahütte**, bei der der Lichteneggersteig durch einen imposanten Urwald in mehreren Serpentinen bergab führt. Der Wald wurde aufgrund seiner unzugänglichen Lage nicht forstwirtschaftlich genutzt. Daher wuchsen verschiedene Baumarten zu wahren Riesen heran, und am Boden vermodern morsche Stämme zu fruchtbarer Erde.

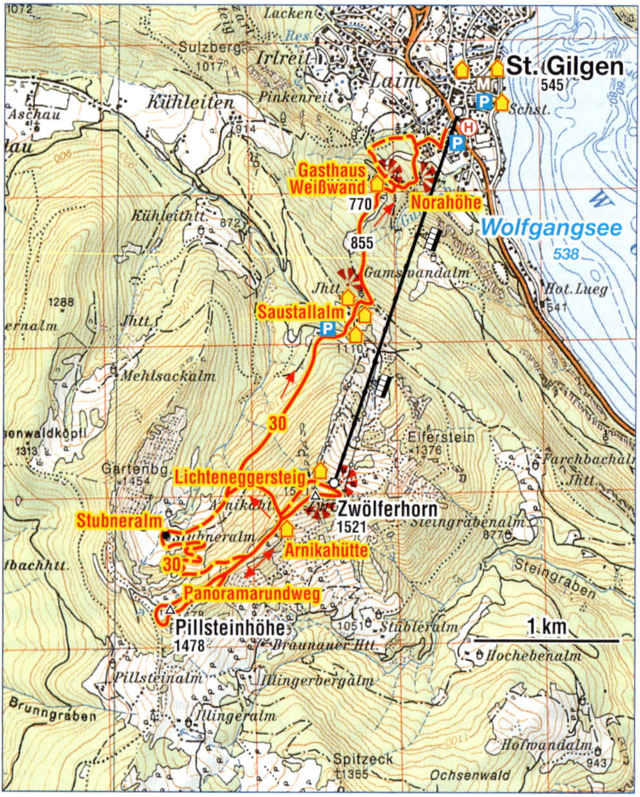

Bergkulisse am Wolfgangsee

Der Lichteneggersteig mündet unterhalb der **Stubneralm** in die Forststraße (Weg 30) ein, auf der wir bis zur **Saustallalm** weiterwandern. Vor der Alm kommt eine Naturstraße aus Richtung Faistenau herauf, hier gibt es einen Parkplatz. Wir folgen nun dem Weg 855, der bei den bewirtschafteten Almen **Bartl- und Lärchenhütte** vorbeiführt, bis zum **Gasthaus Weißwand**. Die Terrasse gewährt einen überwältigenden Tiefblick zum Wolfgangsee.
Wir können für den Abstieg eine leichte Variante durch einen Hohlweg wählen oder den mit ein paar Drahtseilen gesicherten schmalen „Steigermahdl"-Pfad, auf dem sich bei der Felswand unterhalb des Gasthauses der hölzerne **Aussichtspavillon** „Norahöhe" befindet. Nun gehen wir weiter am Pfad bergab und gelangen in einen Wald. Bald darauf sind die ersten Häuser von St. Gilgen erreicht.

Wellness-Tipp: Entspannende Atmung

Durch die Nase einatmen, als würde man an einer duftenden Blume schnüffeln, dann langsam durch den Mund wieder ausatmen. Eine kurze Pause einlegen, bis der Atemreflex von selbst wieder einsetzt. Mehrmals wiederholen. Beruhigt bei Stress, Nervosität, Schlaflosigkeit und Angstzuständen.

Am Ufer des Wolfgangsees

Blinklingmoos und Bürglstein-Rundwanderweg

Gschwendt, Schiffsstation		Blinklingmoos		Strobl, Schiffsstation		Bürglstein-Rundwanderweg		Strobl, Schiffsstation		Gschwendt, Schiffsstation	3 Std.
	¾ Std.		¼ Std.		1 Std.				1 Std.		

Charakter: Keine nennenswerten Höhenunterschiede; der Weg durch das Blinklingmoos ist für Fahrräder und Kinderwägen geeignet. Nicht jedoch der Bürglstein-Rundwanderweg mit teilweise schmalen Holzstegen entlang der Felswand über dem Wolfgangsee.
Ausgangspunkt: Schiffsstation „Gschwendt" auf der Halbinsel Abersee, gebührenfreier Parkplatz.
Anfahrt: B158, Abfahrt „Schiffsstation Gschwendt".
Einkehr: Gaststätten in Strobl.
Info: Tourismusverband Strobl, Tel.: 06137/7855, www.wolfgangsee.at.

Kultur unterwegs: *Aberseer Heimatmuseum Lipphaus*, geöffnet von 1. Juni bis 30. September, Fr und Sa von 14.00 bis 17.00 Uhr, sonn- und feiertags von 10.00 bis 12.00 Uhr.
Tipp: *Wolfgangseeschifffahrt* und *Schafbergbahn*, Ende April bis Ende Oktober in Betrieb. Die Zahnradbahn überwindet 1200 Höhenmeter mit einer maximalen Steigung von 26 % bis knapp unterhalb des Gipfels bzw. Haltestelle „Schafbergalpe". Information: Salzkammergutbahn GmbH, St. Wolfgang, Tel.: 06138/2232-0, www.schafbergbahn.at, www.wolfgangseeschifffahrt.at.

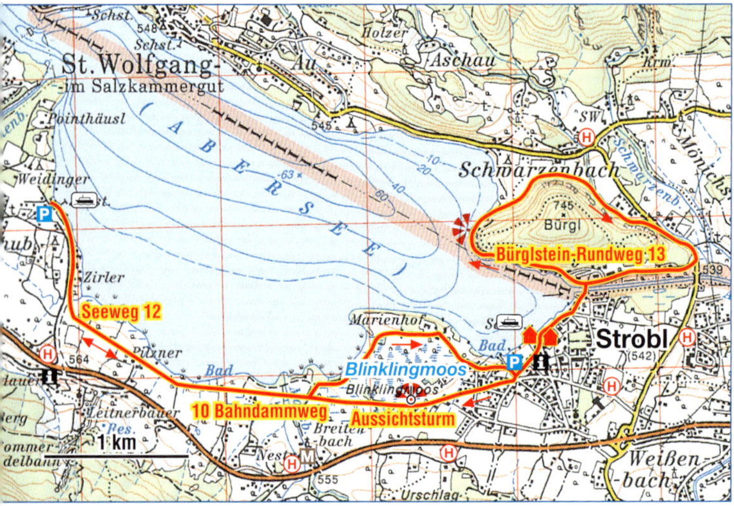

Gewitterstimmung über dem Blinklingmoos

Am gegenüberliegenden Seeufer blicken wir auf St. Wolfgang, wo sich in der Wallfahrtskirche der spätgotische Flügelaltar des Südtiroler Bildhauers Michael Pacher befindet. Auf seinen gemalten Tafeln ist auch die Wolfganglegende dargestellt. Unser Weg verläuft ein Stück auf der Trasse der ehemaligen Salzkammergut-Lokalbahn. Die Schmalspurbahn fuhr von 1893 bis 1957 von Bad Ischl entlang des Wolfgangsees und Mondsees bis nach Salzburg.

Wegverlauf

Vom Parkplatz gehen wir in Richtung Bundesstraße. Der Seeweg 12 biegt beim Hauptpumpwerk Forsthub nach links ab und durchquert das Naturschutzgebiet **Blinklingmoos**. Der nette Ort **Strobl** lädt zum Flanieren und zur Einkehr ein. Am nördlichen Ortsende beginnt nach der Ischlbrücke mit der Seeklause der Bürglstein-Panoramaweg 13 – wir befinden uns jetzt in Oberösterreich. Holzstege schmiegen sich über dem See an die Felswände des Bürglsteins und gewähren einen malerischen Ausblick auf St. Wolfgang.

Dem Waldweg folgt ein kurzes Stück auf der Straße. Bei der **Ischlbrücke** schließt sich wieder die Runde. Von Strobl können wir mit dem Schiff nach Gschwendt fahren oder zu Fuß den Bahndammweg 10 wählen, an dem ein **Aussichtsturm** einen Überblick über das Hochmoor des Blinklingmooses bietet.

Das Blinklingmoos

bildete sich in einem Zeitraum von 9000 Jahren in einer verlandeten Bucht des Wolfgangsees. Über wasserdichten Tonmineralien lagerte sich eine sechs Meter dicke Torfmoos-Schicht ab. Durch Drainage, den Bau des Bahndammes und durch Torfabbau war dieses seit 1973 unter Naturschutz stehende Ökosystem gefährdet. Das Blinkling- und das Gschwendter Moos umfassen zusammen eine Fläche von 100 Hektar. Im Zuge der Renaturierungsmaßnahmen wurden die Drainagerinnen verschlossen, um den Grundwasserspiegel anzuheben. Scheiden-Wollgras, Rundblättriger Sonnentau, Moosbeere und Rosmarinheide wachsen u. a. in dem Hochmoorgebiet. Im Uferbereich, der nicht betreten werden darf, brütet die Rohrammer, eine typische Vogelart des Schilfgürtels.

Von Juni bis August blüht die Sumpf-Stendelwurz (Epipactis palustris), eine einheimische Orchideenart.

Wellness-Tipp: Die Energiekugel rollen

Nehmen Sie die Qi-Gong-Grundhaltung ein: Stehen Sie aufrecht, die Beine parallel, in schulterbreitem Abstand, Knie und Schulter locker, der Rücken ist gerade, das Kinn leicht zur Brust geneigt. Heben Sie nun beide Arme in Bauchhöhe etwa fünf Zentimeter vor den Körper, die Handflächen sind einander zugewandt, die Ellbogen angewinkelt und die Finger leicht gespreizt. Stellen Sie sich vor, Sie halten einen Ball. Nun beschreiben Sie mit dem Ball einen Kreis: vom Körper weg hinauf bis in Brusthöhe, hier wieder an den Körper heran und nach unten zur Bauchregion. Atmen Sie bei der Aufwärtsbewegung aus und bei der Abwärtsbewegung ein. Wiederholen Sie die Übung zehn Mal und rollen Sie die Kugel anschließend – ebenfalls zehn Mal – in die andere Richtung: vom Bauch entlang den Körper hinauf zur Brust, vom Körper weg – ausatmen – nach unten wieder zum Bauch hin und atmen Sie dabei ein. Ein leichtes Kribbeln und Wärme in den Fingern und Handflächen weist auf den Fluss des Qi, der Energie, hin.

Wieslerhorn, 1603 m, und Thorhöhe, 1533 m

Wanderparadies Postalm

Parkplatz P3 1384 m	Wiesleralm 1361 m	Wieslerhorn 1603 m	Wiesleralm 1361 m	Thorhöhe 1533 m	Thoralm 1331 m	Parkplatz P3 1384 m	4½ Std. 467 Hm
½ Std. ↘ 23 Hm	1 Std. ↗ 242 Hm	¾ Std. ↘ 242 Hm	1 Std. ↗ 172 Hm	½ Std. ↘ 202 Hm	¾ Std. ↗ 53 Hm		

Charakter: Almenwanderung auf gut bezeichnetem Wegenetz.
Ausgangspunkt: Parkplatz P3 und Bushaltestelle „Postalmhöhe“.
Anfahrt: Mit dem Postbus (Fahrplanauskunft: Tel.: 0810/222333, www.postbus.at) oder Auto (Mautstraße) aus Strobl oder Abtenau.
Einkehr: Viele Gasthöfe und Almhütten.
Info: PostalmArena, Tel.: 06137/7330-0, www.postalm.at.
Tipp: *Almblumenweg* mit zahlreichen Infotafeln über die Flora des Gebietes. An jedem Dienstag finden geführte Wanderungen (kostenlos) mit einem/einer BotanikerIn statt. Treffpunkt um 11.00 Uhr beim Zentralparkplatz P1, Gasthaus Lienbachhof. Info: Tourismusbüro Abtenau, Tel.: 06243/4040.

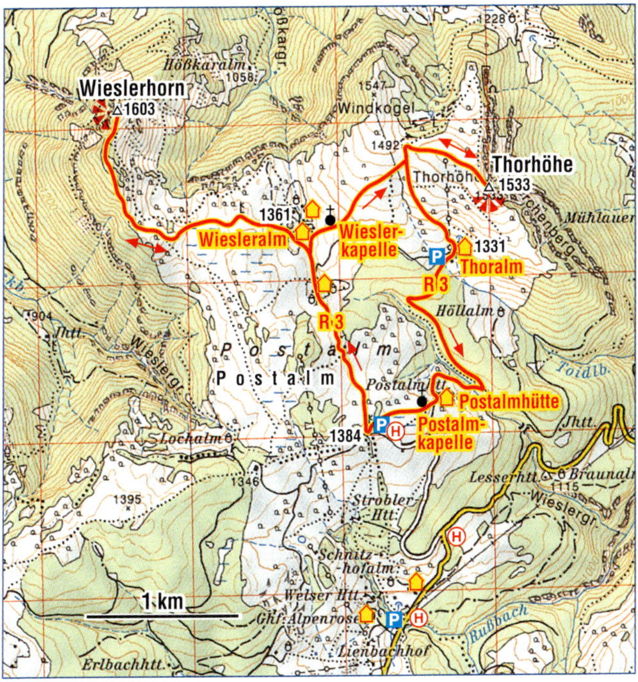

Die Postalm ist das größte zusammenhängende Almgebiet Österreichs und das zweitgrößte Hochplateau in den Alpen. Das größte ist die Seiser Alm in Südtirol. Ursprünglich war die gesamte Fläche bewaldet. Die Bäume wurden vor etwa 300 Jahren gerodet, um Holz für die Salinen des Salzkammergutes zu gewinnen. Seither wurde nicht wieder aufgeforstet. Rinder, Pferde und Schafe weiden in dem weitläufigen Gebiet. Einstmals konnten sich hier die Pferde, die die Postkutschen ziehen mussten, von den Strapazen erholen. Die Postalmkapelle erinnert an den Besuch der Kaiserin Elisabeth. Heute bietet die Postalm im Sommer und im Winter einen wohltuenden Ausgleich für die Hektik des Alltagslebens.

Wegverlauf

Vom **Parkplatz P3** folgen wir dem gelb-weiß-gelb markierten Rundweg R3 zur **Wiesleralm**. Nach links zweigt unser Steig zum **Wieslerhorn** ab. Am Bergrücken blüht von Mitte Juli bis Mitte August das Gewöhnliche Kohlröschen (*Nigritella rhellicani*), eine in den Alpen nicht seltene Orchideenart. Vom felsigen Gipfelaufbau schauen wir auf den Wolfgangsee hinunter und können im Hintergrund den Traunsee erkennen. Nun geht es am selben Weg bis zur **Wiesleralm** zurück, wo mehrere

Die Postalmkapelle

Hütten zur Einkehr einladen. Ostwärts führt ein anfangs spärlich markierter Pfad über Kuh- und Pferdeweiden auf die **Thorhöhe**. Rinnkogel und Gamsfeld scheinen zum Greifen nahe. Wir wandern bergab zum **Gasthof Thoralm** und weiter am Rundweg R3 zur historischen **Postalmhütte** und zur **Postalmkapelle** nahe beim Parkplatz.

Feld-Thymian, Quendel (Thymus pulegioides)

wächst in dichten Büscheln auf trockenen, sandigen oder felsigen Böden von der Ebene bis ins Hochgebirge. In der Sonne entfaltet sich das Aroma dieser alten, bereits von Hildegard von Bingen gerne verwendeten Heilpflanze. Der würzige Duft dieser Pflanze fällt auf dem Weg zum Wieslerhorn besonders auf. Wie der in Gärten und Blumentöpfen kultivierte Echte Thymian (*Thymus vulgaris*) wirkt auch der Tee von Feld-Thymian krampflösend und keimtötend bei Hustenreiz, Magen- und Darmbeschwerden. Er ist auch als Badezusatz und für Einreibungen geeignet. Als Küchengewürz regt Thymian die Verdauung an und verfeinert – in kleinen Mengen – Salate und Nudelgerichte. Die oberirdischen Pflanzenteile mitsamt den lila Blütenköpfchen gut waschen und trocknen lassen. Die kleinen Blättchen von den gröberen Stielen abrebeln und in lichtgeschützten, gut verschließbaren Gläsern aufbewahren.

Markierungsstein mit Feld-Thymian

Wellness-Tipp: Die Seele baumeln lassen

Legen oder setzen Sie sich auf den weichen Almenboden. Lassen Sie die Gedanken schweifen, indem Sie die vorbeiziehenden Wolken beobachten und dem Klang der Kuh- und Pferdeglocken lauschen. Genießen Sie den Duft der Alpenkräuter.

Von Unterach zum Egelsee

Edelkastanienwald und Hochmoor

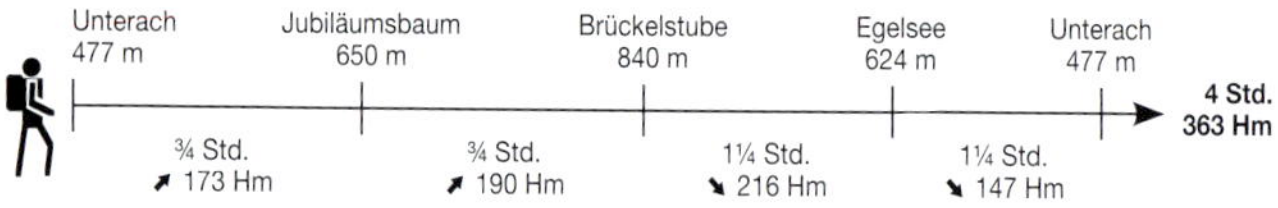

Charakter: Einfache Wanderung auf gut bezeichneten Waldwegen und Forststraßen.
Ausgangspunkt: Unterach am Attersee, öffentlicher Parkplatz und Bushaltestelle beim Badeplatz oder bei der Bundesstraße in der Nähe des Naturlehrpfades.
Anfahrt: A1 Abfahrt St. Georgen oder Mondsee; Busverbindung Mondsee, Salzburg.
Einkehr: Gasthof Druckerhof, geöffnet von Ostern bis Mitte Oktober, Di Ruhetag (nicht im Juli und August), Gaststätten in Unterach und Stockwinkl.
Info: Informationsbüro Unterach, Tel.: 07665/8327, www.attersee.at.
Tipp: Der *Themenweg „Klimt am Attersee"* führt auf den Spuren des berühmten Malers rund um den See zu jenen Orten, die als Vorlage für die Landschaftsbilder dienten. 24 Stelen informieren über das Leben und Werk Gustav Klimts. *Geführte Touren:* „Spaziergang auf den Spuren Gustav Klimts", Sa um 14.00 Uhr von Anfang Mai bis Ende September, Dauer ca. 2 Std.; „Klimt und die Attersee-Schifffahrt", Do um 10.00 Uhr im Juli und August. Informationen: Tourismusbüro Schörfling, Tel.: 07662/2578. *Attersee-Schifffahrt:* Rundkurse (Nord, Süd oder um den ganzen See), spezielle Veranstaltungen oder in Verbindung mit Wanderungen. Information und Buchung Tel.: 07666/7806, www.atterseeschifffahrt.at.

Zwei ökologische Besonderheiten – der einzige Edelkastanienwald nördlich der Alpen und das Moorgebiet rund um den Egelsee – sowie die prachtvolle Aussicht auf den Attersee, das Höllengebirge, das Tote Gebirge und den Leonsberg machen aus dieser Wanderung eine abwechslungsreiche Genusstour.

Wegverlauf

Wir überqueren die Bundesstraße und gelangen zum **Edelkastanienbestand** oberhalb von Unterach am Attersee, der Teil eines Waldlehrpfades ist. Die Waldhänge sind dicht mit Bärlauch (*Allium ursinum*) bewachsen. Vom **Jubiläumsbaum** genießen wir eine schöne Aussicht. Auf einem Pfad geht es bergauf zum **Jagdhaus „Brückelstube"**, dann weiter auf einer Forststraße und wieder leicht abwärts zum Naturschutzgebiet **Egelsee**. Der Rückweg nach Unterach – der Abstieg nach Stockwinkl und Rückfahrt mit dem Schiff wären ebenfalls möglich (Gehzeit: 40 Min.) – führt beim **Gasthaus Druckerhof** vorbei zur Bundesstraße, von wo wir direkt ins Ortsgebiet von **Unterach** kommen oder nach einem kurzen Stück entlang der Straße rechts hinauf zum Waldlehrpfad (Kalktuffquelle) mit dem Kastanienwald wandern können. Die Edelkastanie ist ursprünglich im Mittelmeerraum beheimatet und gedeiht hier auf Grund des milden Mikroklimas dieser Region.

Egelsee mit Hochmoor

Naturschutzgebiet Egelsee

Das Moorgebiet mit einem Schwingrasen, der sich vom Seeuntergrund ablöste, entstand in einem Toteiskessel der Würm-Eiszeit vor etwa 20.000 Jahren. Beim Rückzug des Traungletschers trennten sich Reste des Eises ab und blieben noch längere Zeit erhalten. Als diese später auftauten, bildeten sich in der Einsenkung der Egelsee und das Hochmoor. Hier wachsen Moorbirken, Schwarzerlen, Seggen, zwölf verschiedene Orchideen, sechs insektenfangende Pflanzenarten, darunter Sonnentau. Der Seeabfluss ist eine sogenannte „Bachschwinde". Das Wasser sickert durch die Moränenablagerungen der Gletscherzunge bis zur darunterliegenden Flyschschicht und tritt etwa einen halben Kilometer östlich vom See wieder zutage.

Ernährungs-Tipp: Maroni

Esskastanien oder Maroni *(Castanea sativa)* sind sehr gesund und das ideale Essen im Winter, da sie innerlich wärmen, die Kälte aus dem Körper vertreiben und die Verdauungsorgane anregen. Sie besitzen einen hohen Anteil an Stärke, die sich beim Rösten in Zucker umwandelt. Aufgrund des hohen Gehaltes an B-Vitaminen wirken Edelkastanien nervenstärkend. Weitere Inhaltsstoffe sind Vitamine E und C, Folsäure, Kalium, Magnesium und Phosphor.

Durch den Burggraben zum Schwarzensee

Ein idyllisch gelegener Bergsee

Burgbachau 479 m		Abzweigung zur Moosalm, 770 m		Moosalm 750 m		Schwarzensee-Rundweg, 716 m		Burgbachau 480 m	
	1 Std. ↗ 291 Hm		½ Std. ↘ 20 Hm		½ Std. ↘ 34 Hm		2½ Std. ↘ 237 Hm		**4½ Std. 291 Hm**

Charakter: Der Valerieweg führt steil, später in Serpentinen durch den Burggraben. Der Weg rund um den Schwarzensee und zur Moosalm ist breit, für Fahrräder und Kinderwägen geeignet.
Ausgangspunkt: Bushaltestelle und Schiffsanlegestelle „Burggrabenklamm". Am Südende des Schwarzensees gebührenpflichtiger Parkplatz. Dorthin ist auch die Anfahrt mit dem Auto vom Wolfgangsee über Rußbach möglich.
Anfahrt: A1, Abfahrt St. Georgen oder Mondsee; von Bad Ischl oder Ebensee durch das Weißenbachtal; von St. Gilgen über Scharfling; Busverbindung aus Vöcklabruck und Seewalchen am Attersee, Fahrplan: Tel.: 0810/222333, www.postbus.at.
Einkehr: Jausenstadl Gschwandtnerbauer „Moosalm", Produkte aus regionaler Landwirtschaft, bei Schönwetter täglich ab 12.00 Uhr geöffnet; Almrestaurant „Zur Lore", täglich geöffnet; Almstadl.
Info: Tourismusverband der Ferienregion Attersee-Salzkammergut, Tel.: 07666/7719, www.attersee.at; Wolfgangsee Tourismus, Tel.: 06138/8003, www.wolfgangsee.at.
Tipp: Wanderung zum Wasserfall in der Burggrabenklamm, Trittsicherheit erforderlich, Gehzeit hin und zurück ½ Stunde.

Schwarzensee

Wir beginnen diese landschaftlich reizvolle Tour am Südufer des Attersees. Der Schwarzensee liegt in einem Becken inmitten des sogenannten „Wolfgangthales“, das sich vom Wolfgangsee bis nach Bad Ischl erstreckt. In diesem Gebiet wurde eine große Anzahl von Felsritzungen entdeckt.

Wegverlauf

Wir gehen auf dem **Valerieweg** durch den Burggraben immer ansteigend zur **Magdalenenquelle** (Vorkommen von Frauenschuh, *Cypripedium calceolus*) und weiter hinauf zu einer Rastbank. Eine Abzweigung zur Buchberghütte bleibt unbeachtet, außer man wählt diese Variante. Nun wandern wir geradeaus ohne nennenswerte Höhenunterschiede über eine Hochfläche mit Mooren zur **Moosalm**. Hier besteht die Möglichkeit für eine ausgezeichnete Almjause. In einer ½ Stunde erreicht man den **Schwarzensee**, den wir umrunden. Der Rückweg entspricht dem Anstieg.

Variante

Buchberghütte, 1015 m, auf der Eisenauer Alm, von Anfang Mai bis Ende Oktober bewirtschaftet, anschließend Attersee-Ostwanderweg.

Frauenschuh (Cypripedium calceolus)

Die Felsritzbilder des Salzkammerguts

Felsritzbilder kommen im gesamten Salzkammergut vor. Im Bereich der Nördlichen Kalkalpen wurden sogar ganze Bilderwände gefunden. Die Bilder wurden mit einem scharfen Gegenstand in die Oberfläche des Kalkgesteins eingeritzt und unterscheiden sich von den steinzeitlichen Höhlenmalereien. Die meisten Felsritzbilder entstanden ab dem 16./17. Jahrhundert bis in die Neuzeit hinein. Nur wenige sind älteren Ursprungs. Die allgemein verständlichen Zeichen und Symbole geben Auskunft über das Leben der einfachen Bevölkerung

Felsritzbild: Liniengefüge mit Rad

jener Zeiten. Mit Erforschung dieser Bilder im volkskundlichen Zusammenhang befasst sich der Verein ANISA in Haus im Ennstal (www.anisa.at).

Bekannt sind die Felsritzbilder der Kienbachklamm mit der Höhle „Kienkirche" nördlich von Rußbach in der Nähe des ehemaligen Gasthauses „Branntweinhäusl". Leider wurden viele davon übermalt und zerstört. Am schmalen Pfad dorthin besteht extreme Absturzgefahr, von der Begehung wird abgeraten! Es gibt eine nette und interessante Alternative!

In Rußbach (an der Straße zum Schwarzensee) sind an der Rückwand der Schule und des Kindergartens – gegenüber der Feuerwehr – Gipsabdrücke und Schaukästen angebracht, die über die Felsritzbilder des gesamten Gebietes rund um den Wolfgangsee informieren.

Literatur: E. Burgstaller: „Felsbilder in Österreich". Veröffentlichungen des Österreichischen Felsbildermuseums Spital am Pyhrn, 3. Auflage 1989.

Wellness-Tipp: Liegende Acht

Diese kinesiologische Übung trainiert die Augenmuskeln in alle Blickrichtungen. Stehen Sie gerade und bequem. Heben Sie die locker zur Faust geschlossene Hand, den Daumen nach oben gestreckt, in Augenhöhe. Der Ellbogen ist angewinkelt. Malen Sie nun mit der Hand langsam eine liegende Acht in die Luft und folgen Sie der Bewegung nur mit den Augen, nicht mit dem Kopf. Wiederholen Sie die Übung etwa zehn Mal mit der rechten und der linken Hand.

In einer von „magischem" Denken gekennzeichneten Vergangenheit diente der Bannknoten in Form einer Acht zur Abwehr von Hexen und Dämonen. In der Mathematik ist die liegende Acht das Zeichen für unendlich. Symbole begleiteten zu jeder Zeit das menschliche Dasein.

Baalstein, 814 m, und Geißwand, 872 m

Romantisches und spirituelles Traunkirchen

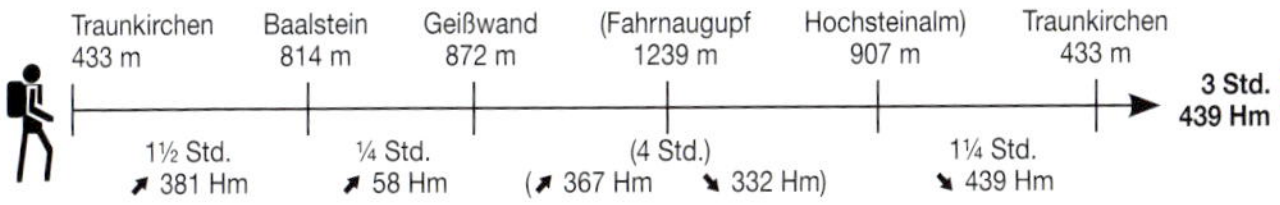

Charakter: Die „Via Historica" ist ein Spaziergang; der Pfad zum Baalstein und zur Geißwand erfordert Trittsicherheit, die Besteigung der Geißwand ist eine kurze Kletterei im I. Schwierigkeitsgrad (einfachste Form der Kletterei, wobei die Hände zur Unterstützung eingesetzt werden; Trittsicherheit und Schwindelfreiheit sind notwendig). Über den Bergrücken des Fahrnaugupfs führt ein nur schwach ausgeprägter Steig, der spärlich durch Farbpunkte und Steinmanderln gekennzeichnet ist. Er kann auf der Forststraße, auf der sich eine Radroute und ein Panoramareitweg befinden, umgangen werden.
Ausgangspunkt: Parkplatz (gebührenfrei) direkt an der Bundesstraße nördlich von Traunkirchen oder Bahnhaltestelle.
Anfahrt: A1, Abfahrt Regau, B145 über Gmunden oder aus Richtung Bad Ischl; mit der Bahn aus Attnang-Puchheim bzw. Stainach-Irdning.
Einkehr: Gaststätten in Traunkirchen, Berggasthof Hochsteinalm, kein Ruhetag, November geschlossen.
Info: Tourismusbüro Traunkirchen, Tel.: 07617/2234, www.traunsee.at/traunkirchen.
Kultur unterwegs: Die barocke Fischerkanzel in der *Pfarrkirche* wurde 1753 von einem unbekannten Meister geschnitzt und stellt das „Wunder vom reichen Fischfang" dar.
Das *Handarbeitsmuseum* im ehemaligen Klostergebäude informiert über die Tradition der Goldhauben und des Kopftuches; Juli und August täglich von 14.00 bis 16.30 Uhr, Mai, Juni, September und Oktober Mi, Sa und So von 14.00 bis 16.30 Uhr geöffnet, Tel.: 07617/2879 oder 0664/5401364.

Wegverlauf

Unsere Wanderung führt, ausgehend vom ehemaligen **Kloster**, um den Johannesberg herum. Auf ihm steht eine Kapelle inmitten eines geschützten Eibenwaldes (Naturdenkmal). An der südlichen Felswand erinnert ein Denkmal an die beiden Weltkriege. Wir überqueren die Straße und folgen der „Via Historica" am Hotel Post vorbei auf den **Kalvarienberg** und weiter durch Wald bis zum „Zellerlweg" (Weg 6). Wir halten uns links und steigen auf dem steilen Pfad in felsdurchsetztem Gelände in engen Serpentinen bis zum Abstecher auf den **Baalstein**. Von diesem Aussichtspunkt (Buch in einer Metall-

Das Benediktinerinnenkloster in Traunkirchen (1020–1571) bildete das geistliche Zentrum des Salzkammergutes. Zweimal fiel das Gebäude einem Brand zum Opfer. Von 1622 bis 1773 war das Kloster bis zu seiner Aufhebung durch Joseph II. von Jesuiten bewohnt. In der Zeit der Gegenreformation mussten die Protestanten ihren Gottesdienst im Geheimen abhalten. Sie durften auch nicht auf dem Friedhof begraben werden. Inschriften mit Buchstaben und Jahreszahl auf versteckten Felswänden außerhalb des Ortes dienten ihnen als steinernes Totenbuch. Schautafeln entlang der „Via Historica“ informieren über die bewegte Geschichte Traunkirchens. Die Texte stammen von Alfred Komarek.
Literatur-Tipp: A. Komarek: „Salzkammergut. Reise durch ein unbekanntes Land“. Kremayr und Scheriau, 1994, und „Ausseerland. Die Bühne hinter den Kulissen“. Kremayr und Scheriau, 1992.

kassette) kehren wir zum Weg 7 zurück. Bald darauf erhebt sich über uns die beeindruckende überhängende **Geißwand**. Wenig später zeigt eine grüne Hinweistafel den Einstieg für die überraschend einfache und kurze Kletterei (Schwierigkeit I)

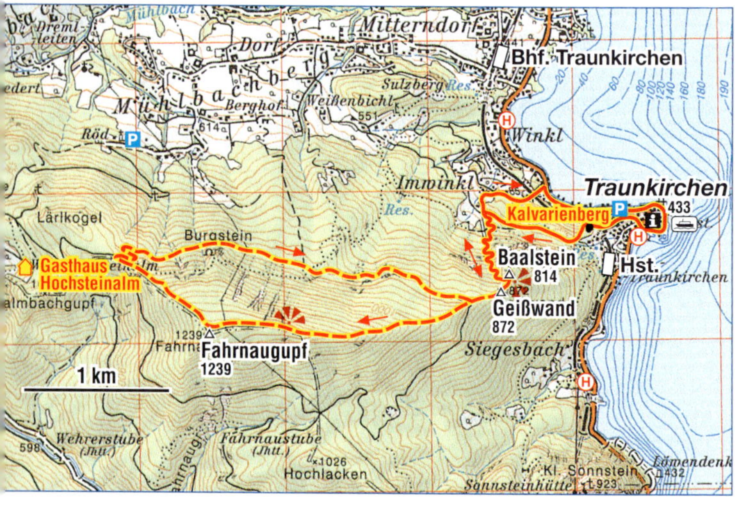

auf den Fels mit imposantem Rundumblick an. Für den Abstieg nach **Traunkirchen** wählen wir denselben Weg 7, dann den Weg 9. Teilweise über gemauerte Stufen gelangen wir zur Bundesstraße, wo sich der Parkplatz befindet.
Für die lange Wanderung zur **Hochsteinalm** (Weg 8) müssen wir von der Geißwand fünf Minuten bergauf zur Forststraße gehen. Genau gegenüber in der Kurve beginnt ein nicht immer gut erkennbares Steiglein auf den **Fahrnaugupf**, das hin und wieder mit Farbzeichen und Steinmanderln markiert ist. Für diejenigen, die sich gerne im Gelände orientieren, dennoch ein lohnendes Ziel. Der Pfad verläuft in westlicher Richtung immer am Bergrücken entlang, später an einem halb verfallenen Wildzaun vorbei und mündet bei einem Jagdansitz wieder in die Forststraße ein (Gehzeit: 2 Std.). Zur Hochsteinalm benötigen Sie eine weitere gute ½ Stunde. Für den Rückweg benutzen wir wieder die Forststraße und den schon vom Aufstieg bekannten Weg 7.

Zusätzliche Wander- und Ausflugstipps

1. Wanderung auf den Kleinen Sonnstein, 923 m: Gehzeit von Traunkirchen ca. 2½ Std., 490 Hm, Einkehrmöglichkeit auf der Sonnsteinhütte, von Ostern bis Ende Oktober an Sa, So und feiertags geöffnet, im Juli und August täglich auf Anfrage.
2. Mit der Seilbahn von Ebensee auf den Feuerkogel im Höllengebirge, täglich von Mitte Mai bis Ende Oktober (www.feuerkogel.net). Von der Bergstation, 1592 m, lassen sich schöne Touren unternehmen, zum Beispiel auf den Alberfeldkogel, 1707 m, mit dem neuen Europakreuz (aus Würfeln mit Steinen aus den einzelnen EU-Staaten zusammengesetzt): Gehzeit 1 Std., 115 Hm.

Wellness-Tipp: Meditation

Ganz gleich ob sich der Name von dem semitischen Wetter- und Himmelsgott oder vom Wort „peilen“ ableitet, der Baalstein bietet einen schönen Platz zum Rasten und Meditieren mit wundervoller Aussicht auf den Traunsee und das Tote Gebirge. Setzen Sie sich mit geradem Rücken bequem hin und konzentrieren Sie sich ganz auf den Atemstrom: Atmen Sie durch die Nase ein, bis hinunter in die Bauchregion, dann wieder aus und warten Sie, bis der Atemreflex nach einer kurzen Pause von alleine einsetzt.

Kaltenbachwildnis und Miesweg

Felsensteige am Fuße des Traunsteins

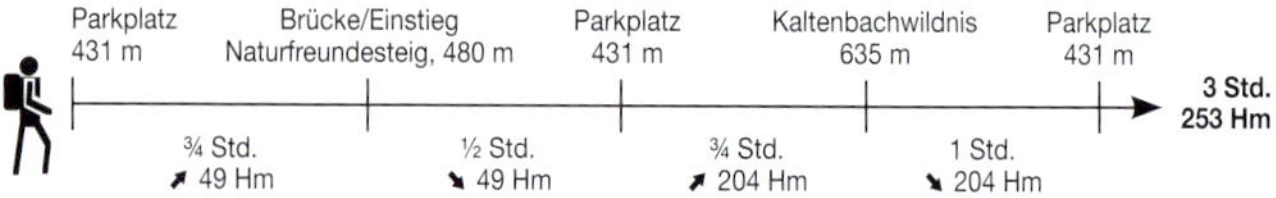

Charakter: Gut versicherte Felsensteige, Trittsicherheit erforderlich. Im Sommer laden Naturbadeplätze zum Schwimmen im Traunsee ein.
Ausgangspunkt: Parkplatz am Ende der Traunsee-Ostuferstraße.
Hinweis: Im zwischen Traunstein und Grünberg befindlichen Gschliefgraben verschob sich im Spätherbst 2007 oberhalb der Ramsau eine Erdplatte. Der Hang begann zu rutschen. Es besteht die Gefahr, dass eine Mure ausgelöst wird. Die Traunsee-Ostuferstraße ist derzeit (Stand Januar 2008) ab dem Gasthaus Grünberg für den allgemeinen Verkehr gesperrt. Die Wanderungen durch die Kaltenbachwildnis und am Miesweg sind zwar nicht unmittelbar davon betroffen, jedoch ist die Zufahrtsmöglichkeit nicht gegeben. An einer Problemlösung wird derzeit intensiv gearbeitet. Der angeführte zusätzliche Wandertipp ist in jedem Fall begehbar.
Anfahrt: A1 Regau, B145 bis Gmunden, vorbei an der Grünbergseilbahn und dem Gasthaus Hois'n (Schiffsstation) bis zum Parkplatz.
Einkehr: Jausenstation Moaristidl, Gasthaus Hois'n.
Info: Ferienregion Traunsee, Tel.: 07612/74451, www.traunsee.at.
Tipp: *Traunsee-Schifffahrt*, Tel.: 07612/66700, www.traunsee-schifffahrt.at. Vier Motorschiffe bringen Sie bequem über den See, zwei davon sind beheizt auch im Winter unterwegs. Ein besonderes Erlebnis ist die Fahrt mit dem 1871 erbauten Dampfschiff Gisela. Die Antriebsmechanik des Schaufelraddampfers beeindruckt nicht nur Technikfreunde.

Wegverlauf

Am schmalen Weg gehen wir unterhalb der **Jausenstation Moaristidl** und an wunderschön gelegenen Naturbadeplätzen vorbei bis zur Straße in Richtung Mairalm. Unmittelbar vor dem ersten Tunnel zweigt rechts der **Miesweg** ab, der mit seinen in den Felsen gehauenen Stufen, Holzstegen, Geländern, Seilsicherungen und einer kurzen Eisenleiter gefahrlos begangen werden kann. An seinem Ende finden wir wieder eine Badebucht, nach der ein steiler Pfad in engen Serpentinen hinauf zur Forststraße führt, die uns als Rückweg dient.
Hierher wurde der Einstieg des **Naturfreundesteiges** (versicherter Klettersteig, Schwierigkeit B) verlegt. Wir gehen durch

Zwischen Traunsee und Traunstein wurden zwei Steige geschickt im Fels angelegt. Der eine führt eindrucksvoll durch den Kessel der Kaltenbachwildnis. Am zweiten, dem sich an der steilen Felswand und auf Stegen über dem See dahinschlängelnden Miesweg, spüren wir das Zusammentreffen des nassen Elements Wasser mit dem Kalkgestein besonders intensiv – eine Kombination, die wir im Salzkammergut immer wieder antreffen. Ein erfrischendes Bad im Traunsee verstärkt diesen Eindruck. Die Gegend ist auch geologisch interessant: Der Traunstein zählt zu den Nördlichen Kalkalpen, der danebenliegende Grünberg zum Alpenvorland, der bis zu 50 km breiten Molasse- bzw. Flyschzone zwischen dem Alpennordrand und der Böhmischen Masse.

zwei längere Tunnel zurück. Vor dem Parkplatz wenden wir uns nach rechts zum **Traunstein-Gedenkstein**. In einem metallenen Buch sind die Todesopfer, die der Berg forderte, vermerkt. Nun folgen wir der Forststraße und einem kurzen Wegstück des Hernlersteiges, der im weiteren Verlauf als versi-

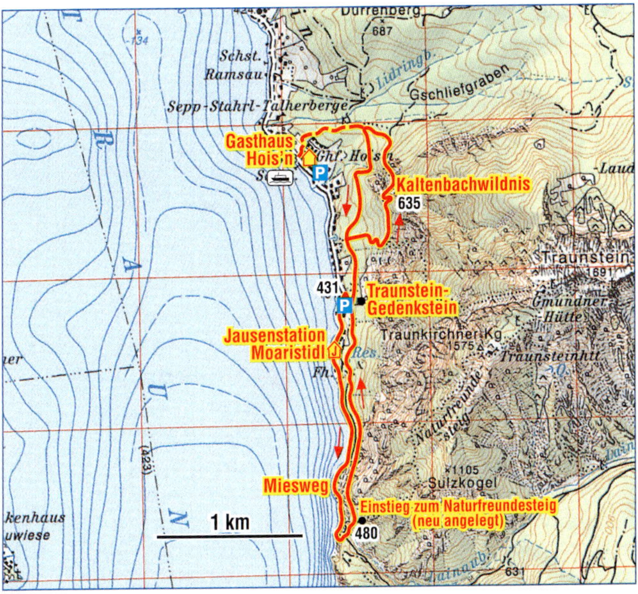

Der Miesweg, ein romantischer Felsensteig oberhalb des Traunsees

cherter Klettersteig (Schwierigkeit A–B) auf den Traunstein führt. Schon bald verlassen wir diesen in nördliche Richtung, wo wir nach einem kurzen Anstieg in den Talkessel der **Kaltenbachwildnis** blicken, der von bizarren Felsformationen umgeben ist. Ein durch Geländer gut gesicherter, teilweise gemauerter Steig führt talwärts. Von mehreren Rastbänken genießen wir imposante Tiefblicke in die „Wildnis“. Am gegenüberliegenden Traunseeufer erstreckt sich Altmünster, dahinter der Gmundnerberg. Wir überschreiten eine kleine Brücke und gelangen schon bald zur Forststraße, von wo wir zum **Gasthaus Hois'n** mit der Schiffsstation oder zurück zu unserem Ausgangspunkt gehen.

Zusätzlicher Wandertipp

Vom Grünberg, 984 m, zum Laudachsee: Von der Bergstation der Grünbergseilbahn erreicht man entlang des Waldlehrpfades bequem in 1 Stunde (ca. 100 Hm) über Radmoos (Wegkreuzung) und Siebenbründl den idyllisch gelegenen Laudachsee. Im Süden erheben sich der Traunstein und der Katzenstein. Die Wanderung ist besonders für Familien mit Kindern gut geeignet (kinderwagentauglich). Im Sommer kann man im Gebirgssee baden. Einkehr: Gasthaus Grünbergalm (von April bis Oktober täglich geöffnet); Gasthof Ramsauer Alm am Laudachsee (von April bis November täglich geöffnet). Grünbergseilbahn, Info: www.gruenberg-gmunden.net.

Gmunden und die Salzwirtschaft

Gmunden am Nordufer des Traunsees verströmt mediterranes Flair und lädt zum genussvollen Verweilen ein. Im Mittelalter schützten dicke Stadtmauern und Gräben die Bewohner vor Überfällen. Während der Monarchie wurden in der Werft Holzschiffe gebaut, die sich vor allem für den Einsatz auf Flüssen eigneten: Zum Transport des Salzes von Hallstatt über die Traun, aber auch Kriegsschiffe für die kaiserliche Donauflotte. Später führte die erste Pferdeeisenbahn von Budweis nach Linz und weiter bis Gmunden. Auf den Waggons wurde Kohle für die Salinen verladen, die das Holz als Brennmaterial ablöste. Das der Hofkammer in Wien unterstellte Salzoberamt verwaltete in Gmunden alle Belange des Salzbergbaus, der Salinen und der damit aufs Engste verbundenen Holzwirtschaft. Bis in das 17. Jahrhundert benötigte man für die Einreise in das „Kammergut" und für die Ausreise eine amtliche Bewilligung. Auf die bürokratische Vorgangsweise der ehemaligen Verwaltungsbehörde dürfte sich der auch heute noch gern erteilte „Ratschlag" beziehen, man möge sich mit etwaigen Anliegen oder Beschwerden doch an das Salzamt wenden.

Wellness-Tipp: Fußmassage mit Öl und Salz

Gönnen Sie Ihren Füßen nach einer Wanderung diese wohltuende Reflexzonenmassage. Dazu brauchen Sie etwa 3 EL Speiseöl und 2 bis 3 TL feinkörniges Salz. Ölen Sie einen Fuß ein und massieren Sie sanft die Zehen, den Fußrücken, die Sohle und das Knöchelgelenk. Nun mischen Sie die Hälfte des Salzes mit etwas Öl und setzen die Massage fort. Dann kommt der zweite Fuß dran. Massieren Sie so lange es angenehm ist und spülen Sie zum Abschluss beide Füße mit kaltem Wasser ohne Seife ab.

Almsee

Berggipfel dienen als Sonnenuhr

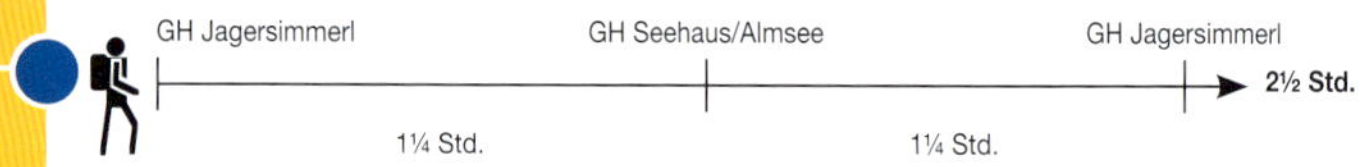

Charakter: Gemütlicher Spaziergang, nur geringe Höhenunterschiede.
Ausgangspunkt: Parkplatz in der Nähe des Gasthauses Jagersimmerl.
Anfahrt: A1 bis Voralpenkreuz und A9 oder über Vorchdorf, Pettenbach und Scharnstein; per Bahn von Wels Hbf. bis Grünau im Almtal, weiter mit dem Postbus bis Gasthaus Jagersimmerl bzw. Gasthaus Seehaus.
Einkehr: Gasthof Jagersimmerl, Di Ruhetag; Gasthaus Seehaus, So-Abend und Mo Ruhetag; Gasthaus Deutsches Haus, geschlossen von 1. 10. bis 30. 4.
Info: Tourismusverband Grünau im Almtal, Tel.: 07616/8268, www.gruenau-almtal.at.
Tipps: *Wildpark Cumberland* in Grünau im Almtal ist von April bis Oktober täglich von 9.00 bis 18.00 Uhr, von November bis März wochentags von 11.00 bis 16.00 Uhr, Sa, sonn- und feiertags von 9.00 bis 16.00 Uhr geöffnet. Tel.: 07616/8205, www.cumberland.at.
Kinderland Schindlbach: Freizeitpark und Märchenwald, durch den ein 1 km langer Wanderweg mit Märchenfiguren führt. www.kinderland-schindlbach.at.
Das Wander- und Skigebiet auf dem *Kasberg* ist im Sommer über eine Mautstraße erreichbar, im Winter mit Seilbahnen. www.kasberg.at.

Südlich des Almsees erhebt sich das Tote Gebirge. Neuner-, Zehner-, Elfer-, Zwölfer- und Einserkogel bilden die „Almtaler Sonnenuhr". Diese größte natürliche Berguhr Österreichs zeigt aufgrund des Sonnenstands über den jeweiligen Gipfeln den Menschen im Tal bei Schönwetter die Uhrzeit an.

Wegverlauf

Vom Parkplatz halten wir uns an die zur Almtaler Hütte führende Straße. Unmittelbar nach der Brücke über den Almbach zweigt der Voralpenweitwanderweg 404 nach rechts ab, dem wir in südlicher Richtung immer durch Wald bis zum **Almsee** folgen. Wir wandern durch das **Naturschutzgebiet** am Ostufer des Sees. Zahlreiche Rastbänke laden zum Verweilen ein, um die Stille der Landschaft zu genießen. Beim **Gasthaus Seehaus** folgen wir ein kurzes Stück der Straße, von der linker Hand der Weg zum „Echoplatzerl“ abzweigt. Auf einer Forststraße gehen wir kurz bergauf, dann abwärts zur Straße, auf deren gegenüberliegenden Seite der Fußweg zurück zur Seeklause führt. Hier schließt sich die Runde. Der Rückweg zum **Parkplatz** erfolgt am bereits bekannten Weg 404.

Wildpark Cumberland und die Konrad-Lorenz-Forschungsstelle

70 europäische Tierarten leben hier in einer naturnahen Umgebung und können in freier Wildbahn beobachtet werden. Die Wanderwege (große Runde: 4,3 km; kleine Runde: 2,6 km) sind auch im Winter begehbar und für Kinderwägen geeignet.

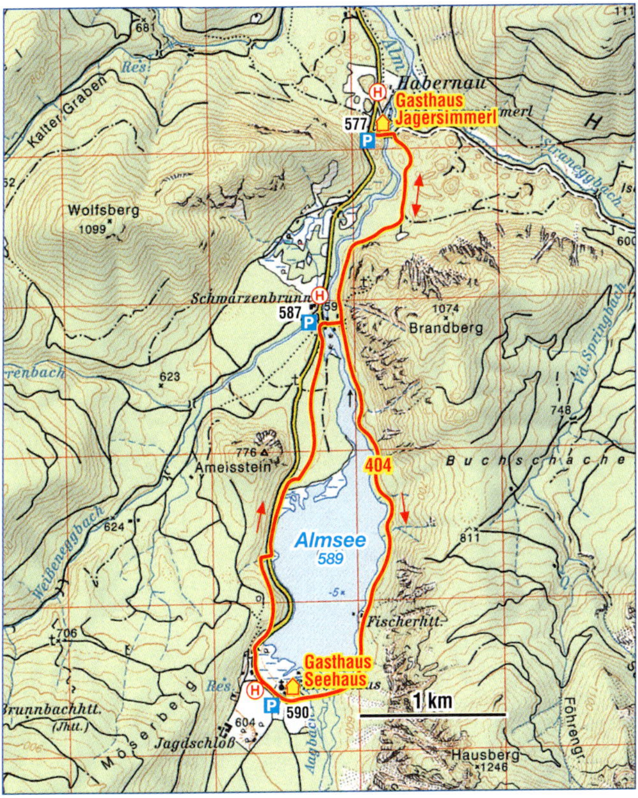

Vom Aussterben bedrohte Arten wie der Waldrapp und Urwildpferde finden in dem weitläufigen Gelände ein Refugium. Den WissenschaftlerInnen der benachbarten Konrad-Lorenz-Forschungsstelle stehen die Einrichtungen des Wildparks für ihre Arbeit zur Verfügung.

Die Konrad-Lorenz-Forschungsstelle für Ethologie in Grünau im Almtal untersucht das Verhalten von Graugänsen, Kolkraben und Dohlen. Der Waldrapp (*Gerionticus eremita*), ein seit 350 Jahren in Mitteleuropa ausgestorbener Ibisvogel, soll in Teilen seines ursprünglichen Verbreitungsgebietes wieder angesiedelt werden (www.waldrappteam.at). Die Forschungsstelle kann bei Voranmeldung besucht werden. Tel.: 07616/8510.

Das Waldrappteam im Almtal

Konrad Lorenz entdeckte das Instinktverhalten der Prägung bei Graugänsen, das nur bestimmte Lebensphasen eines Tieres betrifft. Sehr vereinfacht dargestellt, läuft ein Küken nach dem Schlüpfen aus dem Ei dem ersten Gegenstand nach, der sich bewegt und Geräusche von sich gibt. In der Natur ist das meistens die Mutter. Konrad Lorenz erhielt 1973 gemeinsam mit dem niederländischen Verhaltensforscher Nikolaas Tinbergen und dem Bienenforscher Karl von Frisch (siehe Tour 7) den Nobelpreis für Medizin.

Wellness-Tipp: Ruhephasen einplanen

Nichtstun wird in unserer Gesellschaft als Zeitverschwendung angesehen. Dabei sind es gerade die Phasen der Muße, die unserer Kreativität und Lebenskraft neue Impulse verleihen. Nach dem daoistischen Prinzip des „Wu wei“ ist es Zeit- und Kraftverschwendung, gegen den Lauf der Welt zu handeln. „Handeln durch Nicht-Handeln“ oder auch „aktives Nichtstun“ zum Ausgleich für Stress und Hektik setzt das Wissen um den natürlichen Rhythmus der Dinge voraus. Nehmen Sie Platz auf einer Rastbank am Seeufer und lassen Sie die Stille auf sich wirken. Lauschen Sie der „inneren Stimme“, die Ihren ganz persönlichen Lebensrhythmus anleitet.

Katrin, 1542 m, und Hainzen, 1638 m

„Fit und gesund" im Katergebirge bei Bad Ischl

Bergstation 1413 m	Katrin-Gipfel 1542 m	Hainzen 1638 m	Bergstation 1413 m	Lauffen 490 m	Talstation 470 m
¾ Std. ↗ 129 Hm	1 Std. ↗ 96 Hm	¾ Std. ↘ 225 Hm	1½ Std. ↘ 923 Hm	1 Std. ↘ 20 Hm	**5 Std. ↗ 225 Hm ↘ 1168 Hm**

Charakter: Felsensteig durch Latschen, Trittsicherheit erforderlich; steiler Waldweg nach Lauffen.
Ausgangspunkt: Bergstation der Katrin-Seilbahn, Sommerbetrieb von Mitte Mai bis Anfang November.
Anfahrt: Mit Bahn und Bus oder Auto B145 oder B158, durch Bad Ischl zur Seilbahn.
Einkehr: Vital-Bergrestaurant, Katrinalm-Hütte.
Info: Tourismusverband Bad Ischl, Tel.: 06132/27757, www.badischl.at; Katrin-Seilbahn AG, Tel.: 06132/ 23788, www.katrinseilbahn.com.
Kultur unterwegs: *Kaiservilla*: ehemalige Sommerresidenz von Kaiser Franz Joseph I., geöffnet von April bis Oktober täglich, November bis März jeden Mi, Tel.: 06132/23241, www.kaiservilla.com.
Museum der Stadt: In diesem Gebäude verlobten sich Kaiser Franz Joseph und Elisabeth (Sisi), im November und montags geschlossen, außer Juli und August, Tel.: 06132/25476, www.stadtmuseum.at.
Museum Fahrzeug – Technik – Luftfahrt mit historischen Fahrzeugen, Lokomotiven und Flugzeugen, geöffnet von 1. April bis 31. Oktober täglich von 9.00 bis 18.00 Uhr.
Lehárvilla, von 1. Mai bis 30. September täglich außer Di von 10.00 bis 17.00 Uhr geöffnet, Tel.: 06132/26992.
Tipp: *Kaiser Therme Bad Ischl:* 32° warmes Sole-Wasser (3 % Salzgehalt), Schwefel und Salzbergschlamm, Sauna und Alhambra (warmer Sand, orientalische Düfte und Klänge, Licht, Kräuter, Ruheräume und Massagen) lindern Erkrankungen der Atemwege, des Stütz- und Bewegungsapparates, helfen bei Burnout, Herz-Kreislauf-Beschwerden u. v. m. Tel.: 06132/204-0, www.kaisertherme.at.

Bad Ischl hieß einst St. Nikola und war ein kleines Fischerdorf inmitten von Eschen- und Erlenwald in den Auen der Traun. Die Namen Traun und Ischl haben keltischen Ursprung: Truna und Iskula. Ab 1820 machte der Arzt Dr. Wirer innerhalb kürzester Zeit aus Bad Ischl einen berühmten Kurort, den viele Künstler und Adelige, sogar Kaiser Franz Joseph aufsuchten. Wer sich für die Geschichte des Kurortes interessiert, sollte die Museen vor Ort besuchen.

Wegverlauf

Auf dem gut angelegten Weg 895 erklimmen wir den Gipfel der **Katrin** mit dem schmiedeeisernen Franz-Joseph-Kreuz ganz in der Nähe der Sendeanlage. Ein kurzes Stück geht es wieder zurück, am Weg 895/894 auf den **Elferkogel** und weiter zum Gipfelkreuz des **Hainzen**. Prachtvolle Aussicht über das gesamte Salzkammergut! Von der Rastbank blicken wir auf das Dachsteinmassiv, den Gosaukamm und in das Tote Gebirge. Für den Abstieg auf Weg 898 ist Trittsicherheit erforderlich (Drahtseil). Wir erreichen den „Kurzen-Atem-Pfad", der uns zur **Bergstation** zurückführt.

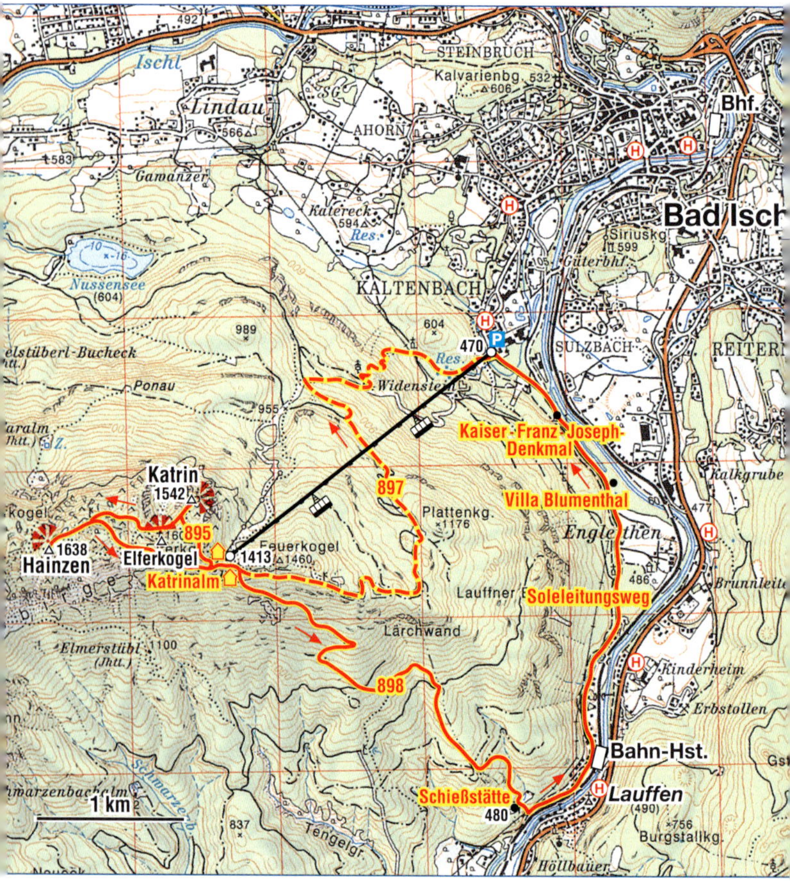

Auf der Katrin

Bei dieser gibt es mehrere **Möglichkeiten für den Abstieg:** mit der Seilbahn, auf dem Weg 897 durch den Windengraben zur Talstation (Gehzeit: 2½ Std.) oder die hier vorgeschlagene Variante auf dem Weg 898 steil bergab nach Lauffen. Bei der **Katrinalm-Hütte** leitet der Naturlehrpfad am Ischler Feuerkogel vorbei. Wir jedoch gehen hinunter. Im mit Felsen durchsetzten Wald hinterließ der Orkan Kyrill Ende Jänner 2007 seine Spuren (umgestürzte Bäume). An manchen Tagen kann es vom Tal herauf laut knallen. Keine Angst! Wenn die Schießstätte genutzt wird, existiert für Wanderer eine kleinräumige „Umleitung". Am Soleleitungsweg über die Engleithen zur Talstation der Katrin-Seilbahn befinden sich zwei Sehenswürdigkeiten: die **Villa Blumenthal** und das **Kaiser-Franz-Joseph-Denkmal**. Eine Skisprunganlage unterbricht den Soleweg und muss unterhalb gequert werden.

Hinweis

In der Talstation der Katrin-Seilbahn können Sie Ihr Körpergewicht, den Körperfettanteil und den Blutdruck messen sowie eine Pulsuhr ausleihen. Dort liegt der sehr informative Führer

Blick von oben auf Bad Ischl

zum Naturschutzgebiet und Naturlehrpfad Katrin kostenlos auf: Gabriele und Harald Kutzenberger: „Die Katrin – ein Naturjuwel im Inneren Salzkammergut, OÖ."

Zusätzlicher Wandertipp

Von Bad Ischl führt ein schattiger Waldweg auf den *Siriuskogel* mit Aussichtswarte und Gasthaus Siriuskogelwirt, Mo Ruhetag, Gehzeit: ½ Stunde. www.siriuskogel.at.

Der Soleleitungsweg

Der Soleleitungsweg – ein empfehlenswerter Wanderweg für die ganze Familie – verläuft vom Hallstätter Salzberg bis Ebensee, ist 40 km lang und durch blaue Holzwürfel im Abstand von einem halben Kilometer gekennzeichnet. Er folgt der Trasse der ältesten „Pipeline" der Welt, die im 16. Jahrhundert zum Transport der Sole von Hallstatt nach Ebensee aus hohlen Baumstämmen errichtet wurde. Erst 150 Jahre später entstand in kühner Bauweise die Brücke über den Gosauzwang.

Villa Blumenthal

Der deutsche Theaterkritiker und Librettist Oskar Blumenthal erwarb das „erste Fertigteilhaus Europas" 1893 bei der Weltausstellung in Chicago, ließ es zerlegen und in Bad Ischl wiederaufbauen. Die Sommeraufenthalte inspirierten Oskar Blumenthal zu einem Lustspiel, das später die Vorlage für die 1930 in Berlin uraufgeführte, erfolgreiche Operette „Im weißen Rössl" von Ralph Benatzky wurde.

Wallfahrtsort Lauffen

In Lauffen gab es eine Anlegestelle der Schiffe, die das Salz vom Hallstätter See über die Traun und den Traunsee transportierten. Sie mussten hier die Stromschnellen der Traun („Wilde Lauffen") überwinden. Die Salzschifffahrt wurde erst mit der Eröffnung der Salzkammergutbahn im Jahr 1877 eingestellt. In dem kleinen Ort stand das ursprüngliche Gasthaus „ Zum weißen Rössl", das später nach St. Wolfgang verlegt wurde. Die Kirche „Maria im Schatten" mit Kreuzrippengewölbe, spätgotischer Marienstatue („Schöne Madonna") und barockem Hochaltar stammt aus dem 14. Jahrhundert. Erlebnismuseum Anzenaumühle in Lauffen, ein für das Salzkammergut typischer Paarhofverband: dem Wohnhaus und Stall waren eine Mühle und eine Säge angeschlossen; geöffnet Anfang Juni bis Ende September, von Di bis Sa von 10.00 bis 12.00 und 15.00 bis 18.00 Uhr.

Wellness-Tipp: Qi-Gong-Atemübung

Stehen Sie mit lockeren Knien, die Beine in schulterbreitem Abstand, die Arme hängen bei entspannten Schultern nach unten. Drehen Sie die Arme, dass die Handflächen nach vorne außen zeigen, und heben Sie sie seitlich des Körpers bis in Kopfhöhe. Strecken Sie dabei die Beine durch und atmen Sie ein. Die Handflächen zeigen zum Himmel, beschreiben über dem Kopf einen Bogen zur Körpermitte hin – die Handflächen weisen jetzt zum Boden – und werden bis in den Bereich des Nabels hinuntergeführt. Die leicht gespreizten Finger der beiden Hände sind einander zugewandt, berühren sich jedoch nicht. Atmen Sie bei der Abwärtsbewegung langsam aus und gehen Sie dabei etwas in die Knie. Bringen Sie die Arme wieder in die seitliche Körperposition und wiederholen Sie die Übung mehrmals.

Chorinskyklause

Durch das Weißenbachtal

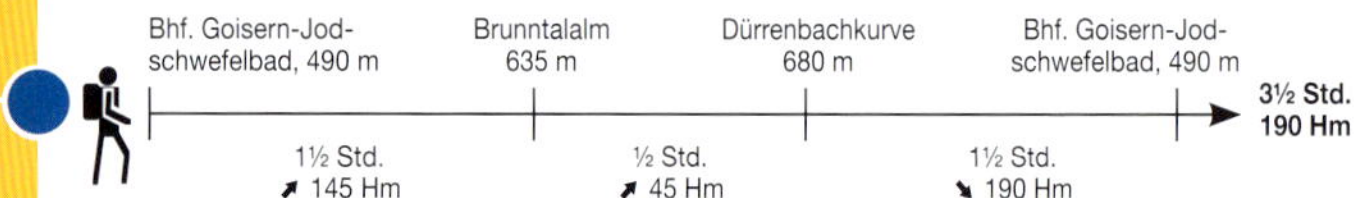

Charakter: Forststraßen, Mountainbike-Route. Gut markiert und bezeichnet.
Ausgangspunkt: Bhf. Goisern-Jodschwefelbad, Parkmöglichkeit bei der Traunbrücke.
Anfahrt: B145, mit Bus oder Bahn bis Weißenbach.

Einkehr: Weißenbachwirt, Di Ruhetag; Gasthaus „Zur Chorinskyklause".
Info: Tourismusinformation Bad Goisern und Tourismusverband Inneres Salzkammergut, Tel.: 06135/8329-0, www.inneres-salzkammergut.at.

Wegverlauf

Wir gehen bei den beiden Gasthäusern „Weißenbachwirt" und „Zur Chorinskyklause" vorbei, halten uns bei der Abzweigung links und kommen am Weg 890 zur nicht bewirtschafteten **Brunntalalm** und zur **Chorinskyklause**, bei der ein Jagdhaus mit kaiserlichem Wappen steht. Unterwegs informiert eine Tafel in der Unterstandshütte „Kellergraben-Rast" darüber, dass hier einst Sennerinnen, Bauern, Holzknechte und Jäger eine Pause einlegten. Von der beeindruckenden Klause führt auf der linken Bachseite ein schmaler Pfad zum **„Kaisertisch"**,

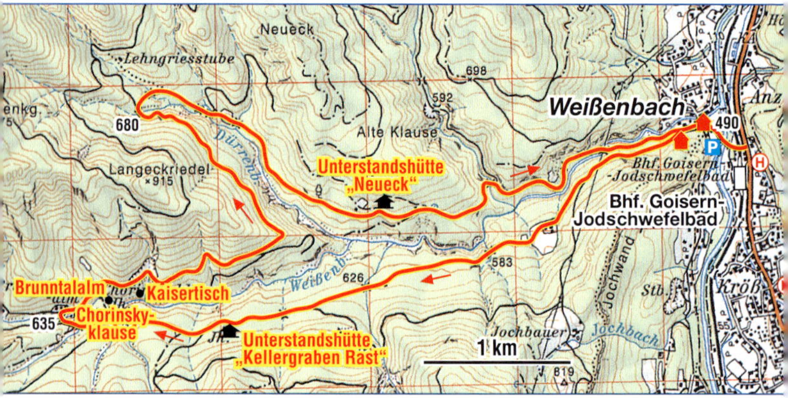

In den Wäldern des Weißenbachtales erstrecken sich ausgedehnte Jagd- und Forstgebiete. Im Norden des Tales erhebt sich das Katergebirge, im Süden erstrecken sich die Kalmberge. In Richtung Westen führt der Bärenpfad weiter zur Postalm und über die Knallalm gelangt man auf das Gamsfeld.

Chorinskyklause

Das Holz aus den Wäldern des Weißenbachtales wurde einst zur Befeuerung der Sudpfannen benötigt. Die Wasserkraft der Gebirgsbäche wurde zur Holzbringung genutzt. An engen Stellen errichtete man zum Aufstauen des Wassers Klausen. Beim Öffnen der Tore ergießt sich ein Schwall, der die Holzstämme ins Tal schwemmt, wo sie in Rechen aufgefangen werden. Die Holzarbeiter sorgten oft unter lebensgefährlichen Umständen, dass sich die Stämme im Wasser nicht verkeilten. Anfang des 19. Jahrhunderts wurde die im 16. Jahrhundert erbaute Holzklause im Weißenbachtal durch eine aus Stein ersetzt. Bei der Eröffnung der neuen Klause war der Hofkammerpräsident Graf Chorinsky anwesend, nach dem sie benannt ist.
Das Schlagen der Klause stellt auch heute noch ein beliebtes – allerdings nicht regelmäßig durchgeführtes – Spektakel dar. Erkundigen Sie sich über etwaige Termine bei der Tourismusinformation Bad Goisern!

Kaiserliches Jagdhaus bei der Klause

einem ovalen Tisch und quaderförmigen Stühlen aus Stein, an dem zu Kaiser Franz Josephs Zeiten das erlegte Wild aufgebrochen wurde. Für den Rückweg folgen wir der auch als Mountainbike-Route ausgeschilderten Forststraße leicht bergauf. Bald wandern wir hoch über dem Weißenbach, später oberhalb des Dürrenbaches. Von der **Unterstandshütte „Neueck“** ist es noch eine gute ¾ Stunde bis zum Ausgangspunkt.

Wellness-Tipp: Überkreuzen

Die rechte Gehirnhälfte steuert die Bewegungen der linken Körperseite, sie ist für die Kreativität und ganzheitliches Denken zuständig. Die linke Gehirnhälfte steuert die rechte Körperseite. In ihr findet das analytische, logische Denken statt. Bei gegengleichen Bewegungen, zum Beispiel mit den Armen schlenkern beim Wandern oder beim Nordic Walking – rechter Arm und linkes Bein sind vorne, dann umgekehrt – werden beide Gehirnhälften aktiviert. Überkreuzbewegung im Stehen: den linken, abgewinkelten Ellbogen und das rechte, ebenfalls abgewinkelte Knie gleichzeitig aufeinanderzubewegen, sodass sich beide berühren. Dann umgekehrt: rechter Ellbogen, linkes Knie. Beide Seiten abwechselnd mehrmals wiederholen.

Schwarzenbachloch und Hütteneckalm

Römer und Geheimprotestantismus

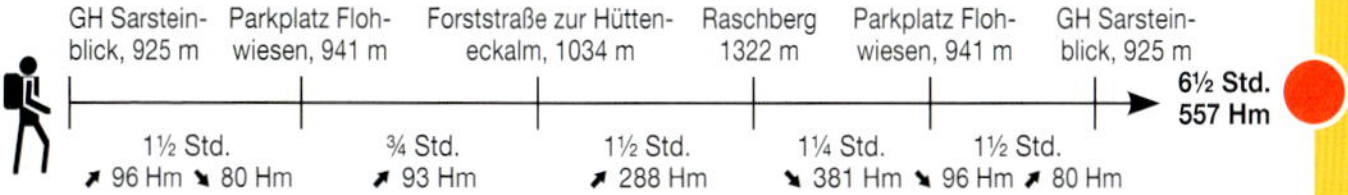

Charakter: Gut beschildert und leicht, aufgrund der Weglänge ist Kondition erforderlich, kürzere Etappen sind möglich! Der Abschnitt Hütteneckalm – Raschberg erfordert Trittsicherheit. Für den Höhlenbesuch benötigen Sie zwei Taschenlampen (keine Fackeln!).

Ausgangspunkt: Parkplatz beim Gasthaus Sarsteinblick oder Flohwiesen.

Anfahrt: B145, über Oberlupitsch in den Waldgraben zum Gasthaus Sarsteinblick oder von St. Agatha südlich von Bad Goisern über eine schmale Asphaltstraße zum Parkplatz Flohwiesen, eventuell Weiterfahrt zum oberen Parkplatz auf einer Schotterstraße.

Einkehr: Hütteneckalm, von 15. Mai bis 15. Oktober durchgehend bewirtschaftet; Gasthaus Sarsteinblick, Mo Ruhetag; Lambacher Hütte, von Pfingsten bis Ende Oktober Sa, So, feiertags einfach bewirtschaftet.

Info: Tourismusinformation Bad Goisern und Tourismusverband Inneres Salzkammergut, Tel.: 06135/8329-0, www.inneres-salzkammergut.at.

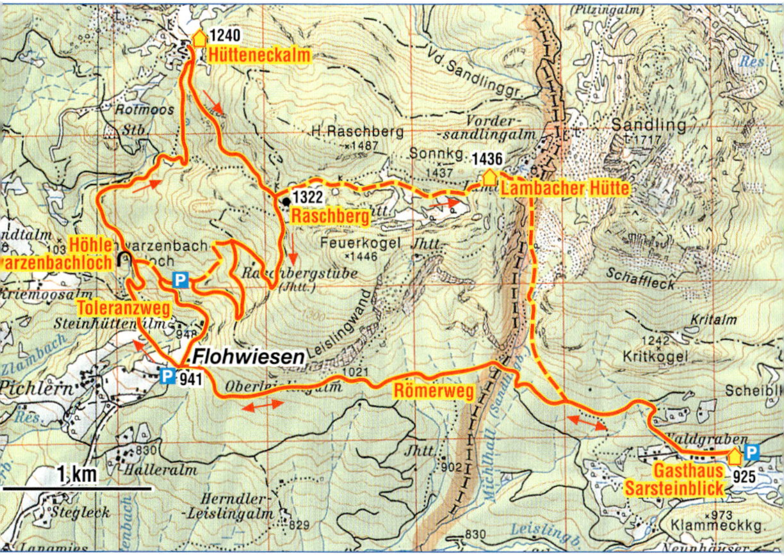

Gegen Ende des 19. Jahrhunderts stieß man in Bad Goisern bei Tiefenbohrungen nicht auf Salz, sondern auf eine Jodschwefelquelle. Dank dem heilkräftigen Wasser und der sauerstoffreichen Luft inmitten der waldreichen Gebirgslandschaft ist seitdem der Heilbade- und Luftkurort ein gerne besuchtes Ziel. Die bewegte Geschichte des Ortes reicht jedoch viel tiefer in die Vergangenheit zurück: Beim Michlhall (Sandlingbach) entdeckten Archäologen eine römische Siedlung mit Saline und andere Hinweise darauf, dass bereits in jenen Zeiten am Sandling Salz abgebaut wurde. Entlang der damaligen Transportroute verläuft die heute als Römerweg bezeichnete Etappe des Salzkammerweges, der rund um den Sarstein führt. Der Toleranzweg befasst sich mit dem verborgenen Leben der Protestanten während der Gegenreformation. Das Schwarzenbachloch diente als geheimer Versammlungsort. Ihre ruhige Abgeschiedenheit nutzen noch heute viele Menschen zur Meditation.

Wegverlauf

Wir folgen vom **Gasthaus Sarsteinblick** dem bestens ausgeschilderten Römerweg zur **Flohwiese**. Dort beginnt der Toleranzweg mit zahlreichen interessanten Informationstafeln. Nach der Querung eines Moorgebietes gelangen wir durch Wald zum wasserführenden **Schwarzenbachloch**. Aus dem Eingang fließt der Kleine Zlambach, dessen Verlauf wir in der Höhle ein Stück folgen können (Taschenlampen). Nach dem Höhlenbesuch erreichen wir in einer ¼ Stunde die Forststraße und auf dieser eine ¾ Stunde später die **Hütteneckalm**, deren Terrasse einen wunderschönen Ausblick zum Dachstein gewährt. Unmittelbar neben der bewirtschafteten Hütte steht das 1880 erbaute und nun wieder restaurierte **Sisi-Salettl** zur Erinnerung an Kaiserin Elisabeth, die hier gerne wanderte.

Sisi-Salettl

Für den Weiterweg gehen wir ein kurzes Stück zurück, bis bei einem Brunnen unser Steig nach links zum Raschberg, 1322 m, abzweigt, wo wir entweder die Forststraße (248/201) zum Parkplatz und Römerweg oder die Variante über die Lambacher Hütte, 1436 m (Wege 201 und 250, Gehzeit ab Raschberg: 2 Std. ↗ 114 Hm, ↘ 511 Hm), zum Gasthaus Sarsteinblick, 925 m, wählen können.

Die Geheimprotestanten im Salzkammergut

Zu Beginn des 16. Jahrhunderts verbreiteten sich im Salzkammergut rasch die Lehren Martin Luthers. Viele schlossen sich dem „neuen" Glauben an, der im Zuge der Gegenreformation verboten wurde. Die protestantische Bevölkerung traf sich weiterhin an geheimen Plätzen und hielt auch in Höhlen den Gottesdienst ab, z. B. im Schwarzenbachloch, in der Kalmooskirche (Tour 19), in der Seekarkirche bei Gosau oder in Salzburg in der „Entrischen Kirche" am Beginn des Gasteiner Tales. Andere mussten auswandern, z. B. nach Siebenbürgen. Die Brüder Johann und Georg Hubmer – Letzterer erlangte als „Raxkönig" literarische Berühmtheit – zogen mit ihrer Gefolgschaft nach Niederösterreich. Hier bauten sie zwei Holzschwemmstollen und gründeten die evangelische Gemeinde Nasswald. Erst 1781 beendete Kaiser Joseph II. mit dem Toleranzpatent die Gegenreformation. Im Inneren Salzkammergut bekannten sich über 1500 Protestanten nun offiziell zu ihrem Glauben.

Wellness-Tipp: Meditation in der Höhle

Höhlen enthalten wenig Staubpartikel, Infektionskeime und Elektrosmog, weisen jedoch meist eine hohe energetische Schwingungsfrequenz auf. Radiästheten messen mit der Rute oder dem Pendel den Energiegehalt eines Ortes, von Lebensmitteln und anderen Stoffen. Als Maß dieser „biologischen Qualität" dient die Boviseinheit (BE).

Der Planet Erde und Wasser schwingen durchschnittlich in einer Frequenz von 8500 BE, der gesunde Mensch etwa mit 6500 BE. Kraftplätze wie Kirchen und Höhlen haben sehr hohe Boviswerte. Diese können wir nutzen, um die eigene Energie (Qi) zu vermehren. Deren freier Fluss durch den Körper wird durch Qi-Gong-Übungen und Meditation angeregt.

Hoch Kalmberg, 1833 m

Goiserer Hütte und Kalmooskirche

Parkplatz Ramsau, 640 m	Dichterinquelle, 1326 m	Kalmooskirche, 1630 m	Hoch Kalmberg 1833 m	Goiserer Hütte, 1592 m	Hochmuth 898 m	Parkplatz 640 m	
2¾ Std. ↗ 686 Hm	¾ Std. ↗ 304 Hm	½ Std. ↗ 203 Hm	½ Std. ↘ 241 Hm	1¾ Std. ↘ 694 Hm	¾ Std. ↘ 258 Hm		7 Std. 1193 Hm

Charakter: Unschwierige, aber anstrengende Bergwanderung; der Abstieg nach der Pramesbergerrast ist teilweise sehr steil, Wanderstöcke sind von Vorteil! Für den Höhlenbesuch benötigen Sie zwei Taschenlampen (keine Fackeln!).
Ausgangspunkt: Parkplatz Ramsau.
Anfahrt: B145 nach Bad Goisern, vom Bahnhof auf ausgeschilderter Straße (Ramsau).
Einkehr: Goiserer Hütte, von 10. Mai bis 31. Oktober und 31. Dezember bis 6. Jänner durchgehend geöffnet, von Jänner bis März Sa und So bei Schönwetter (im Winter ist von Gosau meist ein Wanderweg gespurt); Jausenstation Hochmuth, Di Ruhetag.
Info: Tourismusinformation Bad Goisern und Tourismusverband Inneres Salzkammergut, Tel.: 06135/8329-0, www.inneres-salzkammergut.at.

Diese Wanderung beeindruckt nicht nur durch die Schönheit der Landschaft und durch weite Fernblicke, sie lässt uns auch die Anstrengung erahnen, die in der Zeit der Gegenreformation Protestanten auf sich nehmen mussten, um in der Höhle „Kalmooskirche" ihre geheimen Gottesdienste abzuhalten (siehe auch Infokasten Tour 18).

Wegverlauf

Am Weg 880 gehen wir vorbei an der **Trockentannalm**, über den Saurucken, zunächst links des Grabens, dann rechts in Serpentinen durch Wald bergauf. Nach einem Aussichtsplatz (Bank) gewährt die kleine **Holzhütte** „Wallmann-Poidl-Rast bei der Branntweinfeichten" bei Unwetter Unterstand. Bei der **Dichterinquelle** kann die Trinkflasche wieder aufgefüllt werden. Von hier ist es nicht mehr weit bis zum Sattel mit der **Goiserer Hütte**. Dort wenden wir uns nach links und kommen an einem Bildstock vorbei. Am Pfad liegt die Höhle **Kalmooskirche**. Der felsige Gipfelaufbau des Hoch Kalmbergs ähnelt in seiner Form dem Kopf eines Indianers. Jetzt gehen wir zurück zur **Goiserer Hütte**, wo wir die wohlverdiente Rast einlegen,

Bildstock am Weg zum Hoch Kalmberg

uns mit köstlicher Hausmannskost stärken und die Aussicht genießen.
Für den Abstieg wählen wir den Weg 884, der oberhalb einer Alm vorbeiführt. Wir wandern durch einen schönen Lärchenwald mit Ebereschen, Latschen, Almrausch und Schneerosen im Unterwuchs. Die Tafel „Tanzanger am Sunawender" (Sonnenwendkogel) dürfte auf einen ehemaligen Ritualplatz hinweisen. Wieder kommen wir zu einer Unterstandshütte, genannt „**Pramesbergerrast**". Hier eröffnet sich der Blick zum Hallstätter See, auf den Sarstein und zur Trisselwand. Der

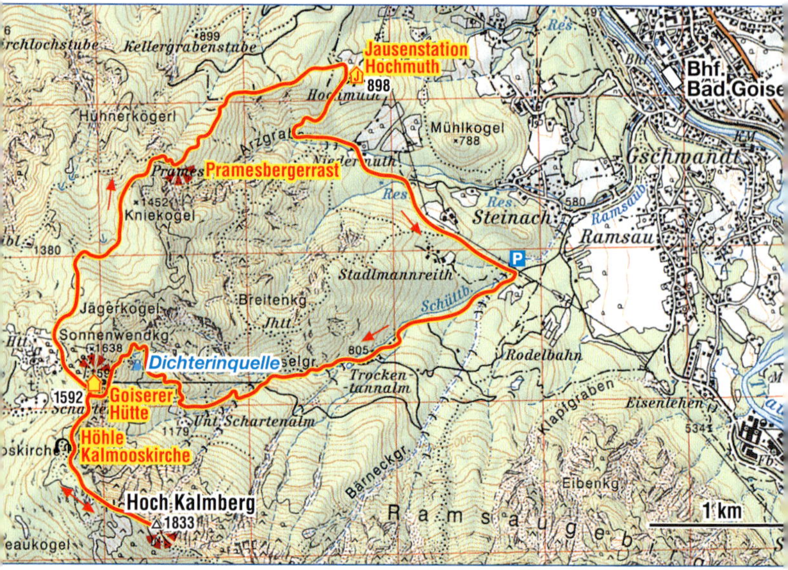

Weg führt nun sehr steil abwärts. Bei der **Jausenstation Hochmuth** können wir nochmals einkehren, bevor es auf einer Forststraße, später auf einer neu trassierten Asphaltstraße zum Ausgangspunkt geht. Folgen Sie den Hinweisschildern „zu den Parkplätzen"!

Wellness-Tipp: Feste feiern, wie sie fallen

Unsere Vorfahren fanden trotz harter Arbeit immer wieder Zeit und Gelegenheit für Muße und gesellige Feiern, die den Zusammenhalt in der Gemeinschaft festigten und dem Jahreslauf eine klare Struktur verliehen. Dabei handelt es sich nicht nur um mythisch verklärte Rituale längst vergangener Kulturen, sondern diese Festtage waren meist durch den christlichen Festkalender vorgegeben und im bäuerlichen Jahr verankert. Auch heute werden Prozessionen, Bergmessen, Alm- und andere Brauchtumsfeste, Almabtriebe, Sonnwendfeuer und vieles mehr gefeiert. Sie bieten ideale Gelegenheiten, den Rhythmus der Natur wiederzuentdecken und dem stressgeplagten Einerlei des Alltags zu entfliehen.

Gamsfeld, 2027 m

Auf den höchsten Gipfel der Osterhorngruppe

Parkplatz Fallenbach, 860 m	Traunwandalm, 1338 m	Gamsfeld 2027 m	Angerkaralm 1423 m	(Rinnbergalm) 1249 m	Parkplatz Fallenbach, 860 m
2 Std. ↗ 478 Hm	2½ Std. ↗ 689 Hm	1½ Std. ↘ 604 Hm	(½ Std.) ↘ 174 Hm	1 Std. ↘ 389 Hm	

7–7½ Std.
1167 Hm

Charakter: Lange, anspruchsvolle, jedoch einfache Bergwanderung, gute Kondition ist erforderlich. Der Tourenvorschlag kann – ohne Gipfelbesteigung – in eine unschwierige Almenwanderung abgewandelt werden.
Ausgangspunkt: Parkplatz Fallenbach (kleine Spende).
Anfahrt: B166 aus Abtenau/Lammertal oder über den Pass Gschütt aus Gosau.
Einkehr: Angerkaralm, von Juni bis September bewirtschaftet; Rinnbergalm-Animoshütte und Rinnbergalm-Pfandlhütte, von Juni bis September, im Winter an Wochenenden geöffnet.
Info: Tourismusverband Rußbach, Tel.: 06242/577, www.russbach.info. Eine Wanderbroschüre ist hier erhältlich.
Tipp: *Kinder-Erlebniswelt* am Jungbrunnenweg: Der 4,5 km lange Weg beginnt beim Gemeindeamt Rußbach und informiert über Gesundheit und Heilkräuter. Ein Brunnen und ein Kneippteich sorgen zwischendurch für Erfrischung. www.jungbrunnenweg.com. *Geführte Kräuter-, Almen-, Fossilien- und Gipfelwanderungen.* Info beim Tourismusverband.

In der Osterhorngruppe gehen die höher gelegenen Bauernwiesen allmählich in die Almböden über, die sich bis in die Gipfelregionen erstrecken können. Die horizontale Gliederung des Gesteins, das an den scharf abbrechenden Felsbändern zutage tritt, verleiht manchen Erhebungen das Aussehen arktischer Berge.

Wegverlauf

Wir folgen vom **Parkplatz Fallenbach** bei der Rinnbachbrücke dem Weg Nr. 34, zunächst die Straße rechts hinauf, dann ein kurzes Stück durch Wald und in Kehren über eine Almweide bis zur **Traunwandalm**. Von hier zweigt links der Almenrundweg (Nr. 34) ab, auf ihm gelangt man direkt zur **Angerkaralm**. Der Aufstieg zum Gipfel des **Gamsfeldes** (Weg Nr. 35) führt durch das felsige Traunkar und weiter über einen latschenbewachsenen Steilhang. Ein Kamm leitet zum höchsten Punkt der Osterhorngruppe. Im Gipfelbereich des Gamsfeldes haben Gämsen unübersehbar ihre Spuren hinterlassen. Die geschickten Kletterer leben in alpinen Lagen zwischen 1500 und 2500 Metern in Europa und Kleinasien. Im Sommer trifft man oft auf Rudel, die aus Geißen mit ihren Ende Mai, Anfang Juni geborenen Jungen bestehen. Die Böcke leben bis in den Herbst als Einzelgänger. Die Tiere fressen Kräuter und junge Triebe von Sträuchern, im Winter auch Moose und Farne. Seltener zeigen sich die gut getarnten – im Sommer braun gefleckten, im Winter weiß gefärbten – Alpenschneehühner.

Für den Abstieg halten wir uns an die Markierung Nr. 36 zur **Angerkaralm**. In engen Serpentinen geht es abwärts. Von der bewirtschafteten Alm können wir auf dem Weg Nr. 32A zum Parkplatz zurückgehen oder noch die **Rinnbergalm** besuchen. Die Animos- und Pfandlhütte bieten neben frischer Milch, selbsterzeugtem Käse und anderen Köstlichkeiten eine schöne Aussicht zum Dachstein und Gosaukamm. Auf der Forststraße (Weg Nr. 32) wandern wir eine Stunde leicht bergab zum Ausgangspunkt.

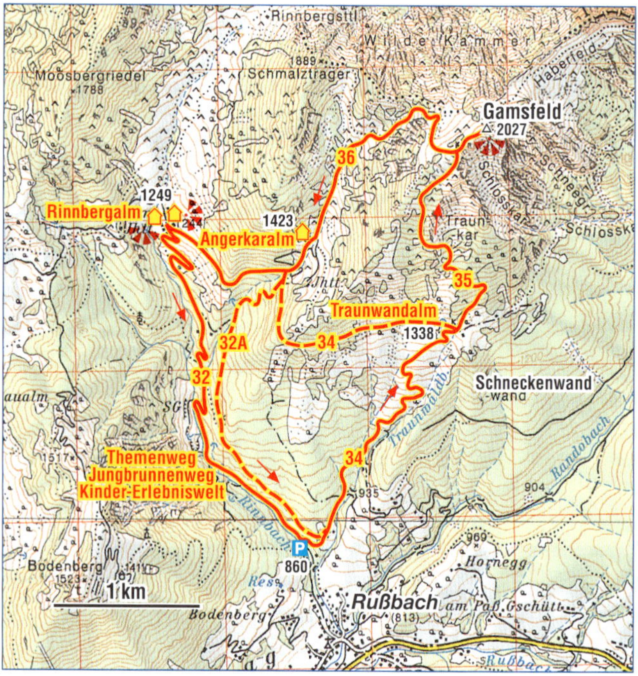

Aufstieg zum Gamsfeld

Fossilien

Das Gebiet ist reich an versteinerten Schnecken, Muscheln und Ammoniten. In den schlammigen, seichten Becken des einstigen Gosaumeeres lebten zahlreiche Tiere, darunter auch viele Korallenarten. Die Schnecken (*Trochactaeon*) erreichten eine beachtliche Größe. Interessantes über deren Entstehung am Meeresgrund vor 250 bis 65 Mio. Jahren erfahren Sie bei einer geführten Wanderung (im Sommer ein Mal wöchentlich, Info beim Tourismusverband). Eine kleine Ausstellung im Leseraum der Gemeinde informiert über Funde im Bereich der Schneckenwand und entlang des Randobaches zur Jausenstation Neualm. Der Dorfbrunnen vor der Kirche besteht aus Schneckensteinen.
Literatur: Gero Moosleitner: „Fossilien suchen im Salzburger Land. Ein Führer zu klassischen und neuen Fundstellen". Edition Goldschneck, 2004.

Wellness-Tipp: Kinesiologische Übung für Augen und Nacken

Stehen Sie aufrecht, die Beine in hüftbreitem Abstand, der Kopf ist gerade, die Augen sind offen. Atmen Sie ein, beim Ausatmen beugen Sie den Kopf nach vorne zur Brust. Beim Einatmen richten Sie den Kopf wieder auf. Wiederholen Sie die Übung je drei Mal nach vorne, nach hinten, nach links und nach rechts.

Zwieselalmhöhe, 1587 m

Am „Herrenweg“ nach Gosau

Gosaukammbahn, Bergstation, 1475 m		Gablonzer Hütte 1550 m		Zwieselalmhöhe 1587 m		Zwieselalm 1436 m		Gosau 736 m
	¼ Std. ↗ 75 Hm		¼ Std. ↗ 37 Hm		½ Std. ↘ 151 Hm		2½ Std. ↘ 700 Hm	

3½ Std. ↗ 112 Hm ↘ 851 Hm

Charakter: Gemütliche Wanderung, vorwiegend bergab. Vorsicht, bei Nässe sind die Holzstege und -treppen am Herrenweg rutschig!
Ausgangspunkt: Bergstation der Gosaukammbahn.
Anfahrt: Mit Auto (B166) oder Bus aus Gosau zum Vorderen Gosausee (Parkplatz).
Einkehr: Gablonzer Hütte, geöffnet von Pfingsten bis Mitte Oktober sowie von Mitte Dezember bis Ostern; Breininghütte, Sonnenalm und Zwieselam, zur Almsaison etwa Mitte Juni bis Anfang Oktober bewirtschaftet, einige Hütten im Winter auch bei Skibetrieb.
Info: Tourismusverband Inneres Salzkammergut, Geschäftsstelle Gosau, Tel.: 06136/8295, Dachstein Tourismus-AG, Gosauer Bergbahnen, Tel.: 06136/8854, www.dachstein.at/Gosau-Zwieselalm.
Tipp: Für Familien mit Kleinkindern stehen bei der Bergstation kostenlose *Leih-Kinderwägen* zur Verfügung. Mit den geländegängigen Modellen lassen sich schöne Almenwanderungen unternehmen. *Geführte Wanderungen* mit Stil, auch in englischer Sprache, bietet Geotouristik an, Informationen und Anmeldung: Tel.: 06136/8688, www.geotouristik.at.

Mit der Gosaukammbahn schweben wir aufwärts zur Bergstation, wo uns der Gosaukamm mit dem beeindruckenden Donnerkogel erwartet. Auf diesen Gipfel führt ein kühn angelegter Klettersteig, eine Herausforderung für geübte Bergfexe, während die hier beschriebene Wanderung eine gemütliche Genusstour für die ganze Familie ist. Prächtig und ein würdiger Start ist der Blick auf den Vorderen Gosausee und auf das imposante Dachsteinmassiv.

Wegverlauf

An der **Gablonzer Hütte** und **Sonnenalm** vorbei, erreichen wir die **Zwieselalmhöhe**, von der wir hinter dem Tennengebirge den Hochkönig erblicken. Hier befinden sich ein Fernrohr, eine Panoramakamera und der Kaiser-Franz-Joseph-Gedenkstein. Nun gehen wir bergab zur **Zwieselalm**, wo ein Rundweg zurück zur Bergstation führt. Unser Weg verläuft am ausgeschilderten „Gosau-Herrenweg“ 611 bzw. 601A meist durch Wald auf einem sanften Bergrücken über den **Kalvarienberg**, an katholischer und evangelischer Kirche vorbei in das Ortszentrum von **Gosau**. Rückfahrmöglichkeit mit dem Postbus zum Parkplatz der Gosaukammbahn (Fahrplan beachten!).

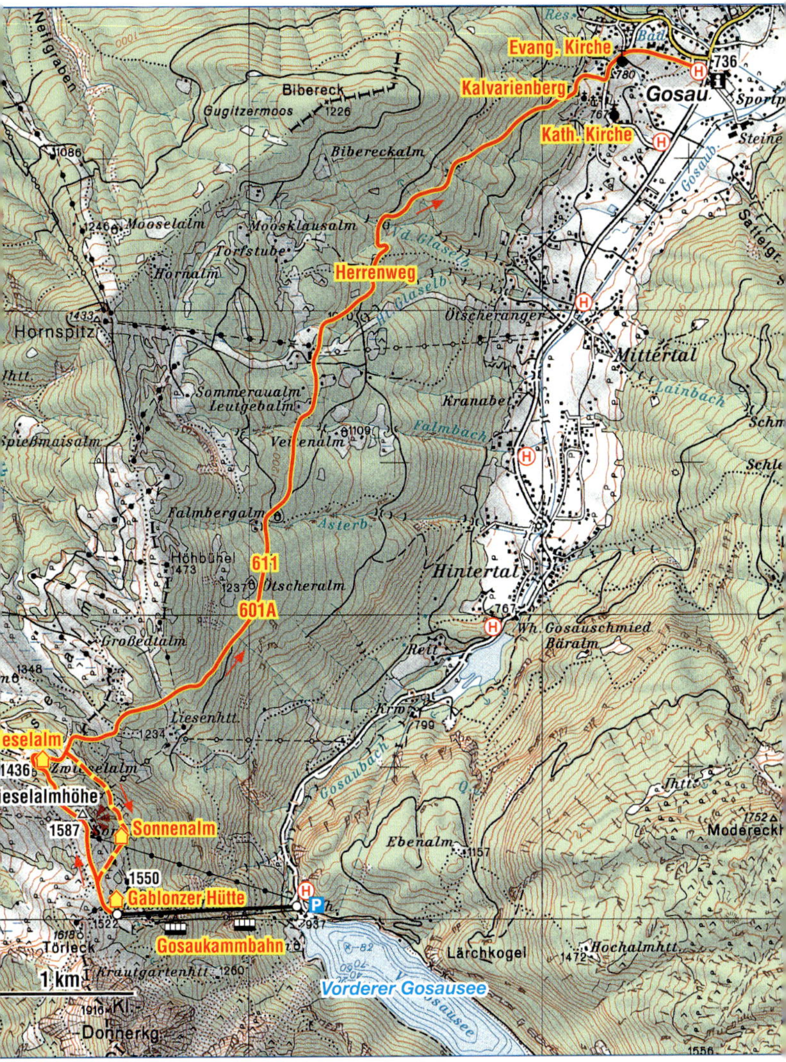

Bei einer schmackhaften Almjause

Almwirtschaft einst und heute

Im Salzkammergut gibt es seit mindestens 4000 Jahren Almwirtschaft. Die Waldgrenze reichte damals aufgrund des wärmeren Klimas bis in höhere Zonen hinauf. Am Dachsteinplateau erfolgte bereits ab der mittleren Bronzezeit Weidenutzung. Durch sie wurden die Bewohner und Bergleute Hallstatts mit Lebensmitteln versorgt, da in den engen Tälern kaum Flächen für den Ackerbau vorhanden waren.

Funde von Weideglocken aus Eisen oder Bronze stammen aus der La-Tène- und Römerzeit. Diese Glocken dienten zum Auffinden der Tiere in dem weitläufigen alpinen Gelände. Bis in das 16. Jahrhundert wurden vorwiegend Ziegen und Schafe gehalten. Erst danach spielten Rinder zunehmend eine Rolle für die Ernährung der Bevölkerung.

Rückschlüsse auf längst aufgelassene Almen lassen sich heute noch aufgrund des Bewuchses abgegrenzter Gebiete mit bestimmten Pflanzenarten ziehen: Alpenampfer (*Rumicetum alpini*), Brennnessel (*Urtica dioica*), Blauer Eisenhut (*Aconitum napellus*) und Weißer Germer (*Venetum album*) gedeihen üppig auf stickstoffreichen, überdüngten Böden und weisen daher auf eine Beweidung hin.

Ende des 16. Jahrhunderts brach eine „Kleine Eiszeit" an und die Bewirtschaftung der Hochweiden war aufgrund des kälteren Klimas nicht mehr möglich.

Ab der zweiten Hälfte des 19. Jahrhunderts änderten sich die sozialen und wirtschaftlichen Verhältnisse der Landbevölkerung. Heute wird die Almwirtschaft gefördert, um alpine Kulturlandschaften zu erhalten. Im Fremdenverkehr spielen die meist als Jausenstationen bewirtschafteten Hütten eine große Rolle. Aufgrund des großen Arbeitsaufwandes wird heute meist Galtvieh – Rinder, die nicht gemolken werden – auf die Alm aufgetrieben.

Alte Wege

Eng verbunden mit dem Salzbergbau, der Almwirtschaft und dem Transport der Güter sind alte Übergänge über das Dachsteinplateau. Es gab einen regen Austausch zwischen dem Ennstal und dem Salzkammergut. Salz war wichtig für das Vieh und für die Vorratshaltung der Bauern. Diese lieferten ihrerseits den Arbeitern in den Bergwerken und Sudhäusern Nahrungsmittel, Leinwand und Loden.
In Hallstatt arbeitete der Großteil der Bevölkerung im Salzbergbau unter der landesfürstlichen Herrschaft Wildenstein. Daher wurden viele Almen auf oberösterreichischem Gebiet von Steirern unter der Sammelbezeichnung „Schladminger Almen" bewirtschaftet.
Literatur-Tipp: Franz Mandl: „Almen im Herzen Österreichs. Dachsteingebirge, Niedere Tauern, Salzkammergut". Anisa, Gröbming – Haus im Ennstal, 2002.

Wellness-Tipp: Die innere Kraft stärken

Nehmen Sie die Qi-Gong-Grundhaltung ein: Stehen Sie aufrecht, mit schulterbreiten Beinen, lockeren Knien und Schultern, die Arme seitlich am Körper. Verlagern Sie nun das Körpergewicht langsam auf den linken Fuß und heben Sie den rechten, bis sich das angewinkelte Knie in Hüfthöhe befindet, und atmen Sie bei der Aufwärtsbewegung ein. Beim Senken des Beines atmen Sie aus. Jetzt verlagern Sie das Gewicht auf den rechten Fuß und heben das linke Bein an. Wiederholen Sie die Übung ein paar Mal bei voller Konzentration. Zum Abschluss stehen Sie gerade, mit dem Gewicht auf beiden Beinen verteilt, und legen die Hände locker auf das Untere Dantien (Energiezentrum, Reservoir des Qi): Die Daumen liegen über dem Nabel, die Finger leicht gespreizt darunter.

Vorderer und Hinterer Gosausee

Die Energie des Wassers erleben

Vorderer Gosausee 937 m		Niedere Holzmeisteralm, 976 m		Hinterer Gosausee 1164 m		Vorderer Gosausee 937 m	**3½ Std.** **227 Hm**
	¾ Std. ↗ 39 Hm		1¼ Std. ↗ 188 Hm		1½ Std. ↘ 227 Hm		

Charakter: Gut ausgebauter, breiter Schotterweg.
Ausgangspunkt: Gasthaus Gosausee.
Anfahrt: Mit Auto oder Postbus aus Bad Ischl, Obertraun oder Rußbach (B166).
Einkehr: Gasthaus Gosausee, Niedere und Hohe Holzmeisteralm, Seeklausalm.
Info: Tourismusverband Inneres Salzkammergut, Geschäftsstelle Gosau; hier sind Folder zum Themenweg „WaSerleben“ erhältlich, Tel.: 06136/8295, www.gosau.com, www.dachstein.at.

Bei der Seeklause eröffnet sich – Schönwetter vorausgesetzt – der berühmteste Blick auf den Dachstein mit dem Gosaugletscher. Er begeistert(e) viele Maler und Fotografen. Rund um den Vorderen Gosausee wurden am Themenweg „WaSerleben“ elf Stationen errichtet, die über die faszinierenden Eigenschaften des nassen Elementes berichten. Wasserenergie wird hier in Kraftwerken genutzt; Druckleitungen führen bis zum Hallstätter See. Der Hintere Gosausee ist ein Karstsee, d. h. sowohl der Zu- als auch der Abfluss verläuft unterirdisch. Im vorderen Bereich des Sees befindet sich eine Spalte, die je nach Wasserstand eine Quelle oder eine Schwinde ist. Ein Teil des darin abfließenden Wassers tritt in den Brunnbächen des Gosautales wieder zutage. Die größere Menge jedoch durchquert unterirdisch das Gebirge in Richtung Echerntal und sprudelt dort als Karstquelle des Waldbaches aus dem Boden hervor (wir begegnen ihr in Tour 23).

Wegverlauf

Wir gehen am linken Seeufer entlang. Nach der Abzweigung zur Ebenalm folgt ein in Felsen gehauenes Wegstück. An der **Niederen Holzmeisteralm** wandern wir vorbei. Die **Gosaulacke** liegt etwas abseits der markierten Strecke. Der kleine Karstsee trocknet fallweise aus. Der **Launing-Wasserfall** schräg gegenüber ist besonders bei Regen eindrucksvoll. Der

Weg steigt leicht an und führt durch Wald mit Moosen und Farnen. Beim **Hinteren Gosausee** wachsen auf einem Schutthang Zwergbirken und Latschen, die in diesem Gebiet „Löcker" genannt werden. Am Ende des Talkessels bietet die **Hohe Holzmeisteralm** Gelegenheit zu einer Einkehr. Von hier würde der alpine Anstieg zur Adamekhütte erfolgen. Für den Rückweg wählen wir dieselbe Route und schließen die Runde am **Vorderen Gosausee** ab.

Der Kreislauf des Wassers

Die unzähligen Quellen, Bäche und Seen des Salzkammerguts lassen uns nur allzu leicht vergessen, dass nur 0,3 % der gesamten Wasservorräte der Erde als sauberes Trinkwasser zur Verfügung stehen. Zwei Drittel der Oberfläche unseres blauen

Jakob von Alt malte 1860 die Seeklause.

Planeten sind mit Ozeanen bedeckt. Der Großteil des Süßwassers ist in den Polarregionen und in Gletschern zu Eis gefroren. Das menschliche Blut gleicht zwar in seiner chemischen Zusammensetzung dem Meerwasser, dieses ist jedoch zum Trinken ungeeignet, da die enthaltenen Salze das osmotische Gleichgewicht der Körperzellen zerstören. Wasser transportiert Stoffe, Energie und Informationen in der Natur und in unserem Körper. Wasser symbolisiert durch seine Wandelbarkeit den Zyklus des Werdens und Vergehens. In der chinesischen 5-Elemente-Lehre steht es sowohl für den Anfang als auch für das Ende.

Wellness-Tipp: Loslassen

Das menschliche Leben verläuft in Entwicklungszyklen. Bei jedem Übergang von einer Stufe zur nächsten müssen wir uns von manchem Alten trennen, das nun nicht mehr in unser Weltbild passt. Die Kunst loszulassen ist ein wichtiger Schritt zur persönlichen Reife. Starres Festhalten an Überzeugungen hindert uns oft daran, Platz für neue Ansichten zu schaffen. Überlegen Sie bei der Wanderung, von welchen Einstellungen Sie sich eventuell trennen möchten, und werfen Sie diese bildlich – oder auf einen Stein projiziert – ins Wasser. Schon bald sind sie dem Blickfeld entschwunden. Atmen Sie tief durch und freuen Sie sich auf die neuen Dinge, die die Zukunft bringen wird.

Echerntal und Salzberg

Welterberegion Hallstatt – Dachstein

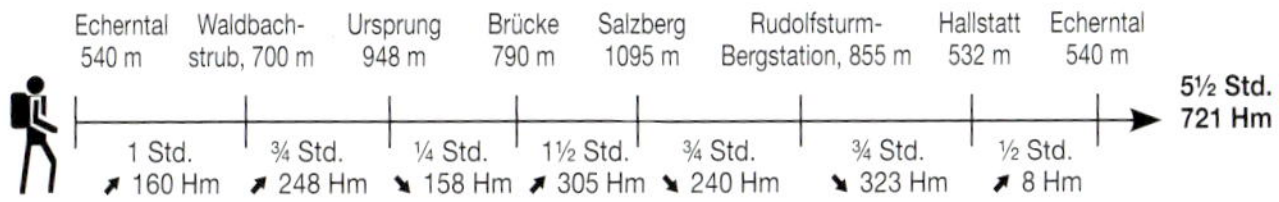

Charakter: Der Themenweg im Echerntal ist leicht zu begehen, für den Weiterweg eine gute Kondition von Vorteil. Die Variante über den mit Seilen und Geländern gesicherten Gangsteig erfordert Trittsicherheit und Schwindelfreiheit.
Ausgangspunkt: Hallstatt, Parkplätze im Echerntal.
Anfahrt: Per Bahn aus Attnang-Puchheim oder Stainach-Irdning, mit dem Auto durch das Koppental (Bad Aussee), aus Bad Goisern oder Gosau; Busverbindung mit Gosau, Bad Goisern und Obertraun.
Einkehr: Restaurant Rudolfsturm, von der Terrasse wunderbarer Tiefblick zum Hallstätter See, täglich während der Betriebszeit der Standseilbahn geöffnet; viele Gaststätten in Hallstatt.
Info: Tourismusinformation Hallstatt, Tel.: 06134/8208, www.inneres-salzkammergut.at; Schifffahrt auf dem Hallstätter See, Tel.: 06134/8228, www.hallstatt.net/schiffahrt.
Kultur unterwegs: *Salzbergwerk* und *Salzbergbahn*, von Ende April bis Ende Oktober täglich geöffnet, Info: Salinen Tourismus GmbH Hallstatt, Tel.: 06132/200-2400, www.salzwelten.at.
Museum Hallstatt, ganzjährig von 9.00 bis 18.00 Uhr geöffnet, Mo Ruhetag;
Katholische Kirche und Beinhaus, Evangelische Kirche.

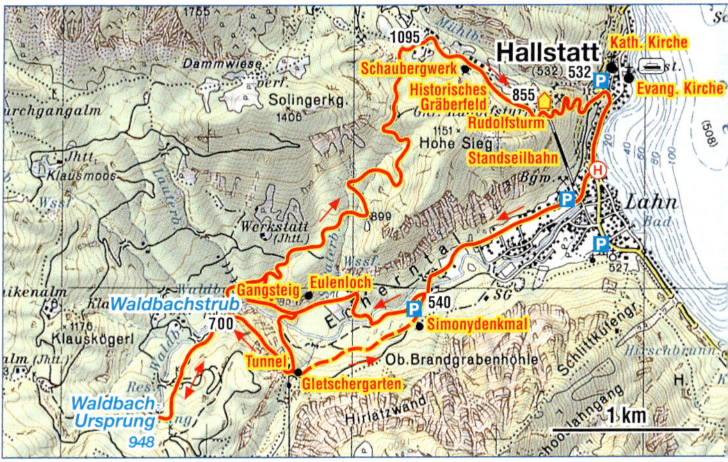

Die Region Hallstatt – Dachstein zählt zum UNESCO-Natur- und Weltkulturerbe. Durch das Echerntal fließt der Waldbach, der in einer über 90 Meter tiefen Klamm in drei Stufen tosend in die Tiefe stürzt. Sein Ursprung stellt eine beeindruckende Karstquelle dar. Maler wie Waldmüller, Gauermann, von Alt und Literaten wie Adalbert Stifter ließen sich vom wildromantischen Ambiente inspirieren. Am Salzberg erreichen wir jenes geschichtsträchtige Hochtal, das als Hallstätter Kultur eine ganze Menschheitsepoche prägte und die wirtschaftliche Entwicklung des Salzkammergutes bis in unsere Zeit hinein beeinflusste.

Wegverlauf

Der Themenweg im Echerntal „Maler, Literaten und Naturwunder" beginnt bei einem kunstvoll geschnitzten **Holzpavillon**, der im Volksmund „Babylon" genannt wurde. Wir kommen an einem Runenstein, an Gletschertöpfen, dem Schleierwasserfall und dem geheimnisvollen Eulenloch vorbei und gelangen zum gewaltigen Naturschauspiel des **Wasserfalls Waldbachstrub**. In der Nähe der Aussichtsplattform führt der geschickt in den Fels gehauene Gangsteig aufwärts zur **Salzbergstraße**. Der Themenweg geht ein Stück zurück und nach Über-

Steinmanderln am Dürrenbach im Echerntal

Rekonstruierte Sudpfanne unterhalb des Schaubergwerks

querung des Waldbaches bergauf zum **Gletschergarten** mit Auskolkungen im Gestein. Auf kürzerem Weg gelangt man über die Stationen „Hirlatzhöhle" und „Simonydenkmal" zurück zum Ausgangspunkt.
Wir jedoch folgen der Straße bergauf, gehen durch den Tunnel und biegen vor der Brücke über den Waldbach links in eine Schotterstraße ein. Der Nordalpen-Weitwanderweg 601 leitet zum Wiesberghaus. Unser Ziel, die **Karstquelle** des Waldbaches, liegt etwas unterhalb des Weges 613 in Richtung Hinterer Gosausee. Nach ihrer Besichtigung wandern wir zurück zur Brücke und von dieser längere Zeit auf der Forststraße in Kehren zum **Hallstätter Salzberg**. Das Schaubergwerk und das Hochtal mit dem historischen Gräberfeld sind weltberühmte Sehenswürdigkeiten. Vom **Rudolfsturm** können wir mit der Standseilbahn nach Hallstatt fahren oder den Fußweg wählen, in dessen Verlauf sich der Franz-Joseph-Stollen und ein Gedenkstein befinden, der an den Besuch Kaiser Maximilians I. im Jahre 1504 erinnert. Ein informativer Stadtbummel durch Hallstatt schließt diese interessante Rundtour ab.

Historisches Gräberfeld und Salzbergwerk

Im Hallstätter Hochtal wurden etwa 4000 Menschen bestattet. Mehr als die Hälfte davon waren Körpergräber. In der späten Bronzezeit änderte sich die Art der Beisetzung zu Brandgräbern mit reichen Beigaben (Urnenfelderkultur). Die Gräber von Kriegern enthielten kostbar verzierte Dolche und Schwerter. In Hallstatt wird seit 1300 v. Chr. Salz bergmännisch abgebaut. Die Herzform der gewonnenen Salzblöcke führte zur Bezeichnung „Hallstätter Herzen". Die Hallstatt-Kultur umfasste die ältere Eisenzeit von 800 bis 450 v. Chr. Darauf folgte zwischen 450 und 15 v. Chr. die als La-Tène-Zeit bezeichnete und von den Kelten geprägte jüngere Eisenzeit. In der Römerzeit gab es keinen nachweislichen Bergbau. Im 13. Jahrhundert kamen die Habsburger in das Gebiet. Herzog Albrecht I. errichtete in den Jahren 1282–1284 den nach seinem Vater Rudolf benannten Wehrturm.

Der Rudolfsturm bewährte sich im sogenannten „Salzkrieg" (1291–1297), in dem der Salzburger Erzbischof Konrad IV. gegen Albrecht I. den Kürzeren zog. In der Folge wurde das Gebiet um Gosau in das kaiserliche „Kammergut" eingegliedert. Albrecht I. und später seine Witwe Elisabeth erneuerten die Salzwirtschaft im Habsburgerreich.

Die Salzgewinnung erfolgte ab dem frühen Mittelalter mit Hilfe des Laugverfahrens: Wasser löst das Salz, die wasserunlöslichen Inhaltsstoffe sinken auf den Grund der Kammern (Sinkwerk). Die Sole – die Lösung ist bei einer Salzkonzentration von 26 % gesättigt – wurde in Sudhäusern in Pfannen verdampft. Heute verwendet man Bohrlochsonden: In einem Rohr wird Wasser nach unten, in einem zweiten die Sole nach oben geleitet. Diese wird in den modernen Salinen in Ebensee weiterverarbeitet.

Wellness-Tipp: Sole

Sole dient nicht nur der Salzgewinnung, sondern sie hat auch heilende Wirkung, was in den Kurorten des Salzkammergutes zur Anwendung kommt. Soleinhalationen können bei Erkältungen, Nebenhöhlen- und Ohrentzündungen auch zu Hause einfach durchgeführt werden und sind ein altbewährtes Hausmittel: Beugen Sie den mit einem Tuch bedeckten Kopf über einen Topf mit heißem Salzwasser und inhalieren Sie die Dämpfe etwa 15 Minuten lang. Für hochkonzentrierte Solebäder und Soletrinkkuren ist dagegen die ärztliche Anleitung notwendig, da sie bei unsachgemäßer Durchführung und eventuellen Vorerkrankungen die Nieren schädigen und den Blutdruck erhöhen können.

Hoher Sarstein, 1975 m

Aussichtsbalkon zum Dachstein

Pötschenhöhe 993 m		Hoher Sarstein 1975 m		Sarsteinalm 1695 m		Bundesstraße 745 m		Pötschenhöhe 993 m	8 Std. 1230 Hm
	3¾ Std. ↗ 982 Hm		¾ Std. ↘ 280 Hm		2½ Std. ↘ 950 Hm		1 Std. ↗ 248 Hm		

Charakter: Anspruchsvolle Bergwanderung, sehr gute Kondition, Trittsicherheit und Schwindelfreiheit sind erforderlich. Beim Aufstieg von der Pötschenhöhe sind zwei Felsstufen mit Seilen gesichert. Der Abstieg in Richtung St. Agatha ist nicht schwierig, jedoch steil. Die Mitnahme von Wanderstöcken ist empfehlenswert, um die Knie zu schonen.
Ausgangspunkt: Pötschenhöhe.
Anfahrt: Mit Auto oder Bus (fährt nur wochentags) auf der B145 von Bad Goisern oder Bad Aussee.
Einkehr: Sarsteinalm, von Ende Juni bis Mitte September durchgehend bewirtschaftet, www.sarstein.at; Gasthof Pötschenhöhe, Mo, Di Ruhetag.
Info: Tourismusverband Ausseerland – Salzkammergut, Tel.: 03622/52323, www.ausseerland.at; Tourismusinformation Bad Goisern und Tourismusverband Inneres Salzkammergut, Tel.: 06135/8329-0, www.inneres-salzkammergut.at.
Tipp: Parken Sie ein zweites Auto auf dem Parkplatz an der Pötschenstraße, damit verkürzt sich die Gehzeit um eine Stunde.

Der Gipfel des Hohen Sarsteins liegt genau auf der Grenze zwischen der Steiermark und Oberösterreich. Die Mühen des anstrengenden Aufstiegs werden durch den prachtvollen Blick in alle Himmelsrichtungen belohnt. Der Dachstein mit dem Hallstätter Gletscher scheint zum Greifen nahe! Der Alpenforscher Friedrich Simony nutzte diese Aussicht zum Anfertigen seiner kunstvollen Skizzen. Mit ausgezeichneter bodenständiger Küche wartet die Sarsteinalm auf.

Wegverlauf

Am Anfang geht es nur mäßig ansteigend durch Wald am Weg 693, der in den vom Sommersbergsee kommenden Weg 691 einmündet. Nach etwa einer Stunde erreichen wir steiles, felsiges Terrain, das durch zwei Seilstellen gesichert ist. Eine weitere Stunde später wird der Weg wieder flacher und einfacher. Bald ist die Almhütte zu sehen, die nach Besteigung des **Hohen Sarsteins** zu einer kulinarischen Rast einlädt. Der An-

Sarsteinalm

stieg zum Gipfel auf einem gut angelegten Steig weist keine Schwierigkeiten auf.

Auf gleicher Route gehen wir zurück zur **Sarsteinalm**, wo der Abstieg in Richtung St. Agatha/Bad Goisern erfolgt. Der Weg 690 ist in engmaschigen Serpentinen angelegt. Auf Bänken lässt es sich zwischendurch gut ausruhen. Die Holzhütte **„Si-**

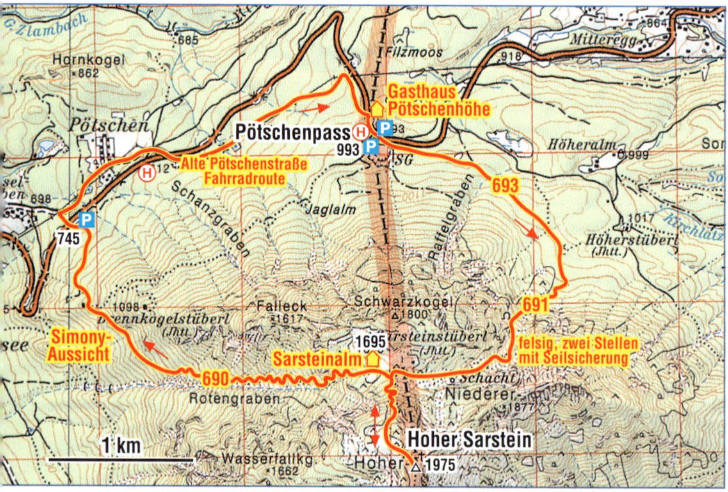

mony-Aussicht“ wird ihrem Namen nicht mehr gerecht, da sie von hohen Bäumen umwachsen ist. Von hier ist es nicht mehr weit zum **Parkplatz** an der Pötschenstraße. Falls dort kein zweites Auto oder ein bestelltes Taxi wartet, überqueren wir die Bundesstraße und gehen einen unscheinbaren Pfad hinunter zu einer Straße, der wir nach rechts in Richtung Osten folgen. Wir gelangen an Häusern der Ortschaft **„Pötschen“** vorbei und halten uns an die als Radroute ausgeschilderte Schotterstrecke, die auf der „Alten Pötschenstraße“ hinauf zur Passhöhe führt.

Friedrich Simony (1813–1896)

Eng verknüpft mit dem Dachsteingebiet ist der Name Friedrich Simony. Das wissenschaftliche Interesse des Geographen und Geologen galt in erster Linie dem Dachstein, dem er fast sein ganzes Leben widmete. Professor Simony erkannte, dass die Täler des Salzkammergutes durch das Vordringen und den Rückzug eiszeitlicher Gletscher geformt wurden, er erforschte die Seen des Gebietes, die Höhlen, das Klima und hinterließ mit seinen Zeichnungen, Gemälden und Fotografien wertvolle Dokumente über die Beschaffenheit des Gebietes im 19. Jahrhundert. Adalbert Stifter (1805–1868) wurde von seinem Freund Friedrich Simony und der Hallstätter Landschaft zu seinem Roman „Der Nachsommer“ und zur Weihnachtsgeschichte „Bergkristall“ angeregt.

Wellness-Tipp: Übungen für die Augen

Für die Augen ist dieses In-die-Ferne-Schweifen eine Wohltat, werden sie doch im Alltag bei Arbeiten am Computer und beim Fernsehen stark beansprucht. Schließen Sie die Augen für ein paar Minuten, wenden Sie das Gesicht der Sonne zu und drehen Sie den Kopf leicht hin und her. Das Licht regt durch die *geschlossenen!* Augen die Durchblutung der Netzhaut an. Zum Abschluss reiben Sie die beiden Handflächen so lange aneinander, bis sie warm sind, und halten sie 5 bis 10 Minuten vor die geschlossenen Augen, ohne diese zu berühren. Das Abdunkeln wirkt entspannend. Diese Übung sollte täglich durchgeführt werden. Als Lichtquelle kann auch eine Lampe in einem Abstand von einem Meter zum Gesicht dienen, deren Stärke je nach individueller Lichtempfindlichkeit 40 bis 100 Watt beträgt.

Koppentraun

Unterm Sarstein

Bhf. Bad Aussee 640 m		Schutzhütte Koppental, 580 m		Koppenbrüllerhöhle, 580 m		Hst. Obertraun, Parkplatz, 531 m		Bhf. Obertraun 510 m	3 Std. 130 Hm
	1½ Std. ↘ 60 Hm		¾ Std.		¼ Std. ↘ 49 Hm		½ Std. ↘ 21 Hm		

Charakter: Einfache Wanderung, immer leicht bergab durch das Tal der Koppentraun. Rückfahrt mit dem Zug ist möglich. Von Mai bis Oktober begehbar.
Ausgangspunkt: Bhf. Bad Aussee.
Anfahrt: Per Bahn aus Attnang-Puchheim oder Stainach-Irdning; mit dem Auto Salzkammergut-Bundesstraße B145, Abfahrt zum Bahnhof Bad Aussee.
Einkehr: Mostschänke „Sarsteinrast", geöffnet von Do bis So sowie feiertags von 13.00 bis 23.00 Uhr, bei Wanderwetter ab 10.00 Uhr; Bauernschänke Helga und Franz Demml, nur bei Schönwetter von 10.00 bis 21.00 Uhr; Schutzhütte Koppental, täglich von Mai bis Oktober geöffnet; Gasthaus Koppenrast, Mai bis Mitte Oktober, Di Ruhetag.
Info: Tourismusverband Ausseerland – Salzkammergut, Tel.: 03622/52323, www.ausseerland.at; Tourismusbüro Obertraun – Tourismusverband Inneres Salzkammergut, Tel.: 06131/351, www.obertraun.at. Dachstein Welterbe, Dachstein & Eishöhlen GmbH & CoKG, Tel.: 06131/531-0, www.dachsteinwelterbe.at, www.wanderfreunde-dachstein.at.
Tipp: *Koppenbrüllerhöhle*, von Ende April bis Anfang November von 10.00 bis 16.00 Uhr geöffnet. Eine Führung dauert 50 Minuten, zusätzlich gibt es Abenteuerführungen (Voranmeldung: Tel.: 06134/8400).
Bahnerlebnis Ennstal: Liebevoll gepflegte Nostalgiezüge fahren vom Bahnhof Selzthal auf erlebnisreichen Strecken zu schönen Zielen. Zum Beispiel mit der historischen Elektrolokomotive 1245.05, Baujahr 1935 und Waggons 1. Klasse, Speisewagen und Spielwaggons für Kinder vom Ennstal nach Gmunden in Verbindung mit einer Traunseeschifffahrt. Informationen: ÖBB – Personenverkehr Steiermark, Personenkasse Liezen, Tel.: 03616/231-3157, www.erlebniszug.at, www.erlebnis-bahn-schiff.at.

Wegverlauf

Wir folgen dem bestens ausgeschilderten Themenweg zunächst auf der linken Seite der Traun, überqueren sie auf einer Brücke und tauchen nach dem Ort **Sarstein** in einen schattigen Wald ein. Nun geht es bergab. Eine Hängebrücke bringt uns wieder an das linke Ufer. Auf halber Weglänge können wir bei der **Schutzhütte Koppental** einkehren. Eine neu errichtete Kapelle, der alte, aufgelassene Bahntunnel und die **Koppenbrüllerhöhle** sind weitere Attraktionen dieser Tour.

Blick zum Koppental

Der Koppental-Wanderweg verläuft entlang der ersten Trasse der 1876/77 errichteten Salzkammergutbahn. Bauarbeiter fanden damals Gegenstände aus der Bronzezeit. Die Gleise verliefen zu nah am Wasser und wurden von der Koppentraun mehrmals überflutet. Daher musste die Zugstrecke nach oben verlegt werden. Die Koppentraun zählt übrigens zu den sechs besten Forellengewässern Europas. Der Themenweg ist Teil der mehrtägigen Rundwanderungen „Der Salzkammerweg" und „Dachstein-Rundwanderweg". Der Höhepunkt der Tour ist der Besuch der Koppenbrüllerhöhle. Mit faszinierenden Tropfsteinen und dem Wasserfall (Riesenquelle) ist sie die größte aktive Wasserhöhle des Dachsteingebietes und war die erste Schauhöhle des Salzkammergutes.

Varianten

Von der Bahnhaltestelle Obertraun-Koppenbrüllerhöhle, an der nicht alle Züge halten (Fahrplan beachten), führt der Obertrauner Höhenweg mit geologischen Informationstafeln zum Bahnhof Obertraun bzw. weiter zum Hallstätter-See-Ostuferweg. Eine neue, imposante Hängebrücke spannt sich über die tiefste Stelle des Sees. Die Wanderung kann an den Zughaltestellen abgebrochen werden. Genießen Sie bei der Rückfahrt nochmals die im Eiltempo vorbeiziehende Landschaft.

Der Rundwanderweg zur Koppenwinkelalm gibt ökologische Einblicke in das Feuchtbiotop der Koppenwinkellacke. Gehzeit: ½ Stunde.

Höhlen und Tropfsteine

Beim Eindringen durch Ritzen und Spalten in das Innere des Berges löst das kohlensäurehältige Wasser Kalk, der wieder ausfällt, wenn sich Tropfen von der Höhlendecke lösen. Sinter-

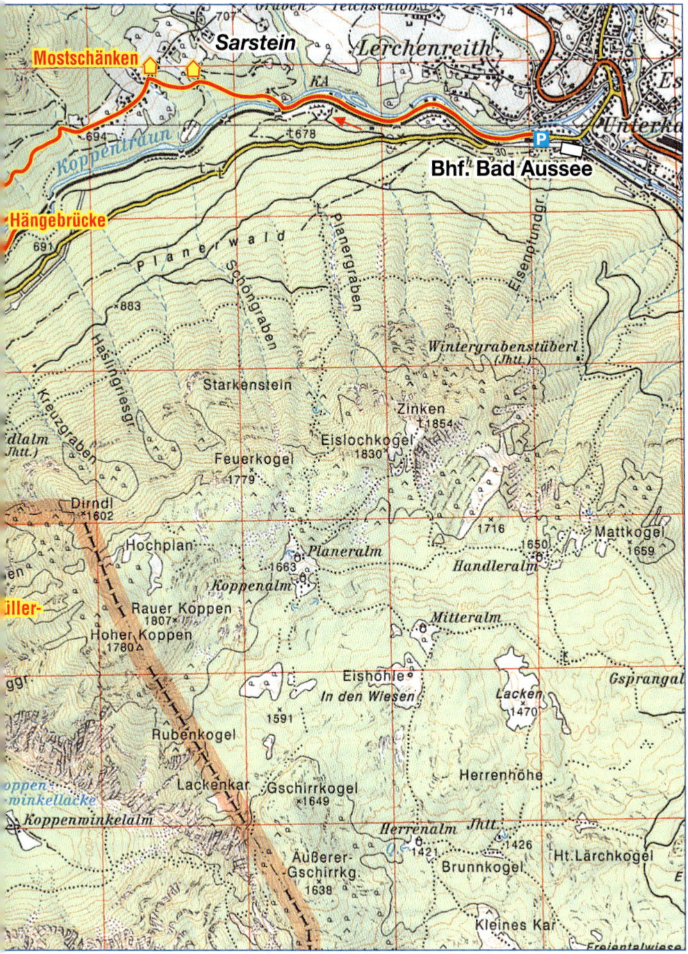

bildungen entstehen: Stalaktiten, Stalagmiten und Säulen. Sie faszinieren mit ihrer Formenfülle und in der zeitlichen Dimension. Tropfsteine können bei mitteleuropäischen Temperaturen bis zu einem Millimeter im Jahr wachsen! Die Höhlenwelt des Dachstein mit den berühmten Schauhöhlen – der Dachstein-Eishöhle, der Mammuthöhle und der Koppenbrüllerhöhle – ist weltbekannt. Nähere Informationen zu den Schauhöhlen und zum Höhlen-Trekking unter www.dachsteinwelterbe.at.

Forellen und Saiblinge in der Koppentraun

Lachsfische (*Salmoniden*) leben in kaltem, sauberem und sauerstoffreichem Wasser. In der Koppentraun finden sie optimale Lebensbedingungen. Bachforellen, die aus Amerika eingeführten Regenbogenforellen und Saiblinge bevorzugen die obersten Abschnitte schnell fließender Gewässer, die sogenannte „Forellenregion". Für diejenigen, die selbst ihr Glück als Petrijünger versuchen wollen, bietet das Fischereizentrum der Österreichischen Bundesforste in Kainisch dreitägige Fliegenfischerkurse an. Informationen: www.fischen.at.

Bachforelle (Salmo trutta)

Wellness-Tipp: Entspannungspause beim Wandern

Das Wandern kurbelt den Kreislauf und die Atmung an. Legen Sie, wenn Sie bereits ein gutes Stück des Weges zurückgelegt haben, eine kurze Pause ein, zum Beispiel im Wald nach dem Ort Sarstein. Wählen Sie einen geeigneten Baum aus, an den Sie sich mit dem Rücken hinstellen. Lehnen Sie sich eventuell leicht an. Schließen Sie die Augen, atmen Sie mehrmals tief ein und aus. Nun greifen Sie mit den Armen nach oben und strecken Ihren Körper ganz durch, während Sie einatmen. Mit einem geräuschvollen Atemstoß lassen Sie den Oberkörper locker nach unten fallen und schütteln die Arme aus. Wiederholen Sie die Übung mehrmals und spüren Sie nach, wie alle Anstrengung von Ihnen abfällt.

Sommersbergsee und Alpengarten

Am Bad Ausseer Künstlerweg

Vital Bad Aussee 660 m – 1½ Std. ↗ 196 Hm – Sommersbergsee 856 m – ½ Std. ↘ 56 Hm – Alpengarten 800 m – 1¼ Std. ↘ 140 Hm – Vital Bad Aussee 660 m

3¼ Std.
196 Hm

Charakter: Landschaftlich reizvolle Wanderung. Bademöglichkeit im Sommersbergsee.
Ausgangspunkt: Vital Bad Aussee; „Künstlerwinkel", Beginn der „Via Artis", einem der vier Künstlerwege im Salzkammergut.
Anfahrt: Per Bahn aus Attnang-Puchheim oder Stainach-Irdning; Salzkammergut-Bundesstraße B145.
Einkehr: Gasthaus Teichwirt, Schutzhütte am Sommersbergsee, Gaststätten in Bad Aussee. Tipp: Café-Konditorei Lewandofsky, Di Ruhetag (außer in der Hauptsaison).
Info: Tourismusverband Ausseerland – Salzkammergut, Tel.: 03622/54040-0, www.ausseerland.at.
Tipp: Alpengarten Bad Aussee, Mitte Mai bis Mitte September täglich von 8.00 bis 18.00 geöffnet. Im Winter kann der Garten gratis besucht werden. Info Tel.: 0676/83622543, Stadtgemeinde Bad Aussee, Tel.: 0676/83622602 oder 03622/52511-25, www.neza.at.
Kultur unterwegs: *Kammerhofmuseum*, Chlumeckyplatz 1, 8990 Bad Aussee, Tel.: 03622/53725-11, www.badaussee.at/kammerhof; Ausstellungen über Höhlen, Fossilien, Volksmusik, Trachten und über die Geschichte der Region. Der Kammerhof stammt aus dem 14. Jahrhundert und beherbergte bis 1926 das Salzamt. Im Kaisersaal befinden sich sehenswerte Fresken. Anfang April bis Ende Oktober Fr und So von 10.00 bis 12.00 Uhr, Di und Sa von 16.00 bis 18.00 Uhr geöffnet, Mitte Juni bis Ende September täglich von 10.00 bis 12.00 Uhr und von 15.00 bis 18.00 Uhr.

Bad Aussee liegt malerisch in einem Talkessel und bildet das Zentrum des Ausseerlandes. Der Zusammenfluss der Altausseer mit der Grundlseer Traun bildet den geographischen Mittelpunkt Österreichs. Im Kurpark markiert der Mittelpunktstein die Mitte des Landes. Aus der Mitterndorfer Gegend kommt die Kainisch-Traun dazu. Gemeinsam fließen sie nun als Koppentraun zum Hallstätter See. Der Sommersbergsee, das Ziel unserer Wanderung, bietet im Sommer schöne Badeplätze. Unweit des Sees befindet sich der sehenswerte Alpengarten mit über 2000 Pflanzenarten aus der ganzen Welt.

Wegverlauf

Vom **Vital Bad Aussee** kommt man auf der Straße beim Kammerhof vorbei zum **Kurpark** mit dem Mittelpunktstein Österreichs, der dem heiligen Stein „Omphalos“ in Delphi nachempfunden wurde. Wir überqueren die Altausseer Traun über die Postbrücke und gehen entlang der Erzherzog-Johann-Promenade bis zu einem Platz mit Rastbänken, von wo links Stufen steil über die **„Sixtleiten“** bergauf führen. Wir verlassen den als Rundweg ausgeschilderten Pfad, gehen einen schmalen Weg zur Asphaltstraße, auf dieser rechts zur Bundesstraße, die wir beim „Billa“ überqueren. Auf der Straße weiter in Richtung Westen bis zum **Teichwirt**. Auf dem folgenden Wiesenweg erreichen wir die 3. Station der „Via Artis“. Vom Wilhelm-Kienzl-Plateau genießt man die schöne Aussicht zum Dachstein und Sarstein auf der einen Seite, zum Sandling, Loser und zur Trisselwand auf der anderen Seite. Schließlich mündet der Wiesenweg in den Weg 13 ein, der auf einer Straße zum **Sommersbergsee** führt. Der **Alpengarten** ist über einen Waldweg (hölzerne Aussichtsplattform) in einer ½ Stunde zu Fuß erreichbar. Beim ehemaligen Gasthaus Tannenwirt überqueren wir nochmals die Bundesstraße und ein Stück unterhalb die Verbindungsstraße nach Altaussee. Am Weg 14 gelangen wir wieder ins Ortszentrum von **Bad Aussee** zurück.

Salinen im Ausseer Land – Altaussee und Bad Aussee

Im „Inneren Aussee“ wurden die Salinen auf dem Pfannhauswiesl errichtet. Als die Wälder um den Sandling abgeholzt wa-

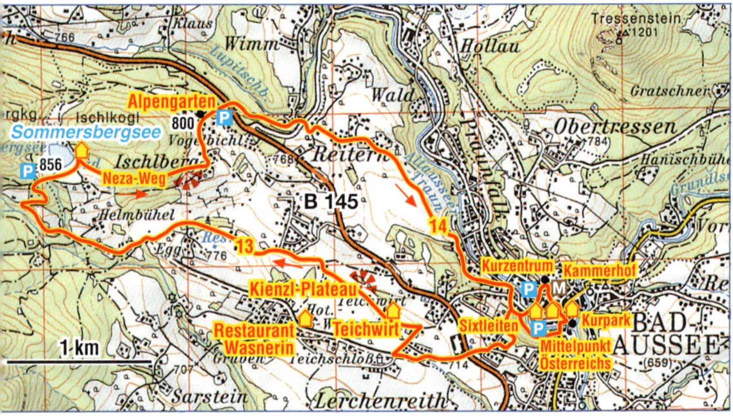

Sommersbergsee, dahinter Niederer und Kleiner Sarstein

ren, verlegte man die Sudpfannen Ende des 13. Jahrhunderts in den Markt Aussee. Heute erstreckt sich dort das Areal des Kurparks. Das Holz für die Beheizung der Pfannen wurde auf der Grundlseer Traun geflößt. Im „Inneren Aussee“, dem heutigen Altaussee, wohnten und lebten die Bergknappen, während in Aussee die Salzbeamten, Salinenarbeiter und Pfannhauser als „Hallinger“ bis Mitte des 15. Jahrhunderts eine mächtige Stellung bekleideten. Kaiser Friedrich III. (1415–1493) beendete die wirtschaftliche Vormachtstellung der Hallinger, sicherte sich den finanziellen Erlös aus der Salzgewinnung für das Habsburgerreich und gliederte die Ausseer Salinen in das kaiserliche Gut, das „Salzkammergut“, ein. Nochmals veränderte man den Standort der Sudpfannen: Sie übersiedelten in das

Im Alpengarten

Gebiet des Bahnhofs von Bad Aussee. Die Kainisch-Traun, über die Torf und Holz aus den Mitterndorfer Moorgebieten transportiert wurde, mündet hier in die Koppentraun ein.

Vital Bad Aussee

Sole (2 % Salzgehalt) aus dem Altausseer Salzberg, Soleschlamm und Glaubersalzquelle (Natrium-Chlorid-Sulfat-Mineralquelle) als Trinkkur. Durch die thermische und mechanische Einwirkung der Sole erweitern sich die Blutgefäße, der Blutdruck normalisiert sich, Schmerzen werden gelindert. Sole-Inhalationen helfen bei Erkrankungen der Atemwege. Tel.: 03622/55300-0, www.vital.at.

Wellness-Tipp: Die eigene Mitte spüren

Stehen Sie mit schulterbreiten Beinen, die Fußsohlen haben Bodenkontakt, und wippen Sie mit den Knien locker auf und ab. Dann legen Sie beide Hände auf den Bauchbereich unterhalb des Nabels (Unteres Dantien, Reservoir des Qi) und bewegen den Körper in einer Pendelbewegung nach beiden Seiten, nach hinten und nach vorne. Spüren Sie dabei, wo sich Ihre Mitte befindet, und bleiben Sie eine Zeitlang in dieser Position.

Via Salis und Ruine Pflindsberg

Am Fuße des Sandlings

GH Scheichlmühle, 720 m	Ruine Pflindsberg, 958 m	Moosbergstollen, 1008 m	Schaubergwerk, 970 m	Kur- und Amtshaus	GH Scheichlmühle, 720 m	3½ Std. 288 Hm
	1 Std. ↗ 238 Hm	½ Std. ↗ 50 Hm	½ Std. ↘ 38 Hm	1 Std. ↘ 350 Hm	½ Std.	

Charakter: Der Themenweg „Via Salis" ist gut beschildert und verläuft vorwiegend auf Forststraßen und Waldwegen.
Ausgangspunkt: Ortsanfang von Altaussee, Bushaltestelle und gebührenfreier Parkplatz beim Gasthaus Scheichlmühle.
Anfahrt: Mit Bus oder Auto, Abzweigung von der B145 in Richtung Altaussee.
Einkehr: Ausflugsgasthaus Sarsteinblick, Mo Ruhetag; Restaurant am Steinberg, täglich von 9.00 bis 22.00 geöffnet, *Tipp:* Die Stoaberig Kuchl bei den Salzwelten bietet mit frischen Kräutern verfeinerte Hausmannskost. Gasthaus Scheichlmühle, Mi Ruhetag.
Info: Informationsbüro Altaussee, Tel.: 03622/71643, www.ausseerland.at.
Kultur unterwegs: Schaubergwerk *Salzwelten Altaussee:* Führungen täglich von Ende April bis Ende Oktober ab 9.00 Uhr, das ganze Jahr über findet jeden Mittwoch – in den Weihnachts-, Energie- und Osterferien täglich – um 19.00 Uhr eine Abendführung statt. Information und Anmeldung unter Tel.: 06132/200-2400, www.salzwelten.at.
Literaturmuseum Altaussee im Kur- und Amtshaus Altaussee, das ganze Jahr täglich von 9.00 bis 18.00 Uhr geöffnet, Tel.: 0664/4441069, www.literaturmuseum.at.

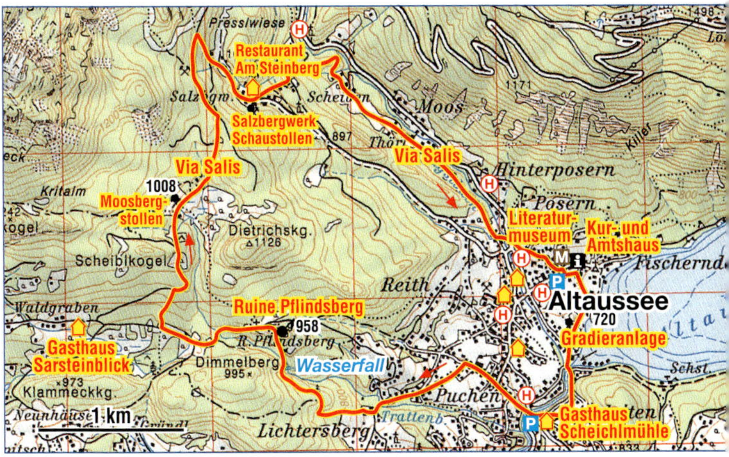

Der Trattenbach-Wasserfall ist die erste Attraktion unserer Wanderung. Ein Stück oberhalb genießen wir von der auf Mauerresten der Ruine Pflindsberg errichteten hölzernen Warte die Aussicht zu Loser, Trisselwand, Ausseer Zinken und Sarstein. Die Burg wurde um 1250 vom Salzburger Erzbischof Philipp von Sponheim zum Schutz des Salzbergwerks erbaut. Sie diente als Herrschaftssitz, als Wohnung des Salzmeisters und sogar als Gefängnis. Nun folgen wir auf der „Via Salis" den Spuren der Bergknappen und erfahren alles Wissenswerte rund ums Salz. Ein Höhepunkt der Wanderung ist der Besuch des Schaubergwerkes.

Wegverlauf

Auf der Hauptstraße gelangen wir in nördlicher Richtung zum Hotel Tyrol, wo wir geradeaus gehen. Nach weiteren 20 Minuten auf einer Asphaltstraße biegt der Karrenweg 7a rechts ab und führt durch Wald ansteigend zum **Wasserfall** und weiter zur **Ruine Pflindsberg**. Hier treffen wir auf die „Via Salis", an die wir uns nun halten. Im Mai und Juni blühen auf feuchten Wiesen unzählige Narzissen und Trollblumen. Wenn wir der Forststraße folgen, würden wir in kurzer Zeit das Ausflugs-

Die Aussichtswarte an der Ruine Pflindsberg

Moosbergstollen, angeschlagen im Jahr 1209

gasthaus Sarsteinblick erreichen. Wir wenden uns jedoch bei der Abzweigung rechts hinauf durch Wald und kommen zum **Moosbergstollen**. An mehreren ehemaligen Bergwerksstollen vorbei erreichen wir das **Schaubergwerk** „Salzwelten" am Steinberg. Ein kurzes Stück geht es steil bergab. Über die Pfannhauswies'n – auf ihr befanden sich im frühen Mittelalter die Sudpfannen – wandern wir zum Kur- und Amtshaus in **Altaussee**. Auf einem Fußweg spazieren wir zur Seepromenade, wo sich in zwei Holzhütten die Gradieranlage befindet. Entlang der Altausseer Traun ist es nicht mehr weit zur **Scheichlmühle**.

Ein literarischer Spaziergang

In dem von der Schriftstellerin Barbara Frischmuth gemeinsam mit dem Alpengarten Bad Aussee angelegten Literaturgarten beginnt der literarische Spaziergang *„LiteraTOUR"* und die Altausseer *„Via Artis"*, einer der vier Künstlerwege im Salzkammergut. Auf einer Länge von 4 km – eine kürzere und eine längere Variante stehen zur Auswahl – befinden sich fünf Stationen.

Zusätzlicher Wandertipp

Wanderung rund um den Altausseer See zum Naturschutzgebiet und Jagdhaus Seewiese mit Dachsteinblick. Gehzeit:

2–2½ Std. Im Naturhaus sind die Pflanzen und Tiere des Sees und seiner Umgebung dargestellt. Kulinarische Stärkung mit regionaler Küche bietet die Gaststube. Täglich ab 10.00 Uhr geöffnet, Tel.: 0664/2809017, www.altaussee.at/naturhaus. Schiffsstation. Altaussee-Schifffahrt: von Mitte Mai bis Mitte Oktober, Tel.: 0664/5252811, www.altausseeschiffahrt.at.

Die Entstehung der Salzvorkommen

Vor etwa 250 Mio. Jahren trennten sich flache Becken vom offenen Urmeer Tethys ab. In der Hitze verdampfte das Wasser, zurück blieben Salz, Gips, Ton und Anhydrit (wasserloser Gips). Dieses Gemenge wird als Haselgebirge bezeichnet und weist einen Salzgehalt von 20 bis 70 % auf. Es wurde bei der Auffaltung der Alpen vor 100 bis 50 Mio. Jahren von Gesteinsschichten eingeschlossen und so ins Berginnere verlagert.
Das Salzbergwerk in Altaussee ist das größte aktive in Österreich. 1908 wurde die Soleleitung über die Blaa-Alm, durch das Rettenbachtal nach Bad Ischl und Ebensee in Zusammenarbeit mit den Solvay-Werken in Betrieb genommen. Neben Speisesalz erzeugen die Salinen Lecksteine für das Vieh, Auftausalze und Grundstoffe für die chemische Industrie.

Wellness-Tipp: Gradieren

Die Gradieranlage in Altaussee

Die Sole-Freiluft-Inhalationsanlage Altaussee ist von Anfang Mai bis Ende Oktober geöffnet. Sole tropft über Tannenreisig, dabei gelangen Aerosole – fein zerstäubte Wassertröpfchen mit Salzpartikeln und gelöste ätherische Öle – in die Luft, die in den Bronchien und Lungen Schleim lösen und Entzündungen hemmen. Auf den Holzbänken lässt es sich gemütlich sitzen und die nach Harz riechende Luft einatmen. Bei Bewegung – durch Herumgehen – vertieft sich die Atmung.

Bräuningzinken, 1899 m

Geo-Erlebnisweg am Loserplateau

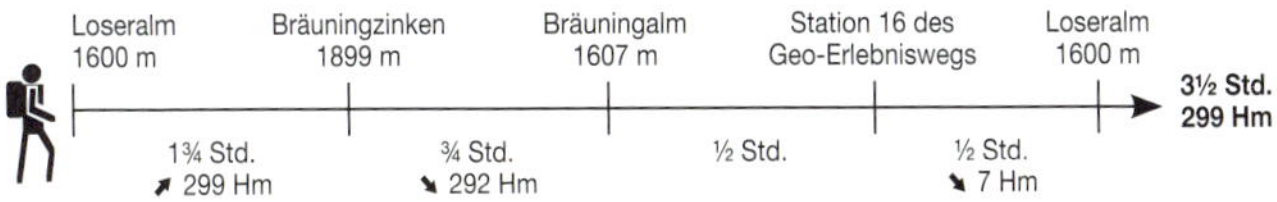

Charakter: Unschwierige Bergwanderung, Trittsicherheit ist erforderlich, besonders für den Aufstieg zum Gipfel – Vorsicht beim Felsenfenster und in der Gipfelregion – und für den Weg zur Station 16 des Geo-Erlebnisweges in schroffem, verkarsteten Gelände.
Ausgangspunkt: Parkplatz und Bushaltestelle Loseralm.
Anfahrt: B145, Mautstraße über Altaussee; Postbus fährt von Anfang Juli bis Anfang September täglich zwei Mal vom Bhf. Bad Aussee und auf Anfrage.
Einkehr: Loseralm, Loserhütte.
Info: Loser Bergbahnen GmbH, Auskünfte über Veranstaltungen, Busfahrplan und Preise Tel.: 03622/71315 (werktags von 8.00 bis 16.00 Uhr), www.loser.at; Loseralm, Tel.: 03622/71316.
Tipp: Wenn Sie die Informationen über den Geo-Erlebnisweg während der Tour lesen wollen, empfehlen wir, den dazugehörigen Folder bereits in einem Tourismusbüro im Tal zu besorgen. Die Exemplare auf der Loseralm können vergriffen sein.

Der markante Loser ist ein beliebtes Ausflugsziel, da er über eine gut ausgebaute Mautstraße leicht erreichbar ist. Am Südhang des Gebirgsstockes wurde bereits 1989 das erste Solarkraftwerk Österreichs errichtet. Die Photovoltaik-Anlage nutzt die umweltfreundliche Sonnenenergie und liefert darüber hinaus wertvolle Erkenntnisse über diese Technologien in alpinen Lagen. Am neu errichteten Geo-Erlebnisweg sind 25 landschaftlich interessante Punkte durch Nummerntafeln gekennzeichnet. Die inhaltlichen Informationen dazu sind in einem Folder angeführt, der in der Loseralm und in den Tourismusbüros aufliegt. Wir verbinden diesen Rundweg mit der Ersteigung des Bräuningzinkens.

Wegverlauf

Vom Parkplatz erreichen wir in wenigen Minuten den **Augstsee** und folgen rechts dem als Geo-Erlebnisweg beschilderten Pfad bergauf und schließlich wieder hinunter zur Bräuningalm. Bei dieser führt unser Weg 257 weiter zum **Gschwandt-**

Karstlandschaft bei der Bräuningalm

sattel und von diesem rechts in Kehren zum **Gipfel**. Kurz davor sehen wir durch ein Felsenfenster, das weniger bekannt ist als jenes beim Loser, direkt ins Tal hinunter. Hier und an den Abbrüchen nicht zu weit vorgehen! Auf selbiger Route geht es zurück zur Alm, wo wir wieder dem Geo-Erlebnisweg folgen, zunächst ein Stück in Richtung Appelhaus bis zur Station 16.

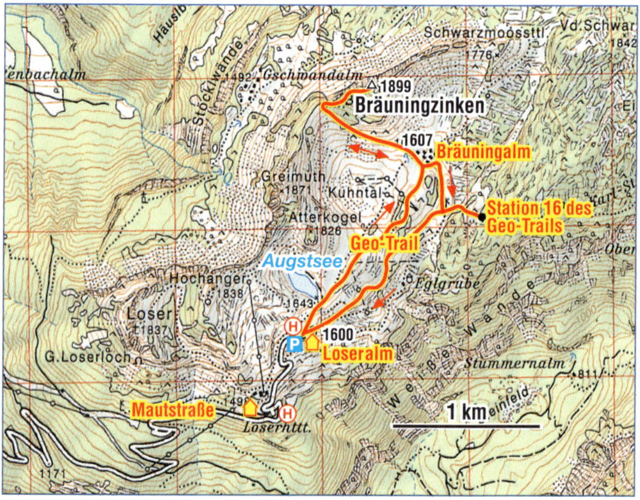

Die restlichen neun Stationen befinden sich am Weitwanderweg 201 in Richtung **Loseralm**.

Herzförmige „Kuhtritt"-Muscheln (Megalodonten)

„Kuhtritt"-Muscheln

Kalk und Dolomit verdanken ihre Entstehung der Tätigkeit von Meerestieren. Es sind „biogene" Gesteine, gebildet am Meeresgrund von den Schalen winziger Einzeller, von Korallen, Muscheln und Schnecken vor 250 bis 200 Millionen Jahren. In dieser Zeit (Trias) lebten die als Megalodonten bezeichneten Dachsteinmuscheln, deren herzförmige Abdrücke auf Felsen an Kuhtritte erinnern.

Weiterer Wandertipp

Sehr beliebt ist die Rundwanderung über Augstsee, Loserfenster (1800 m) und Losergipfel (1838 m), Gehzeit: 2½ Std. Nun gibt es einen zweiten Rundweg über Hochanger, Schafkirche und Loserfenster.

Ernährungs-Tipp: Salz

Ohne Salz können wir nicht leben, andererseits schadet ein Zuviel des „weißen Goldes" der Gesundheit. Wie in vielen Bereichen kommt es auch hier auf das richtige Maß an. Weniger Salz benötigen Sie, wenn Sie die Gerichte erst zum Schluss salzen, da es sich beim Kochen in seine beiden Bestandteile Natrium und Chlorid aufspaltet und geschmacklich neutral wird. Im Kochen nach dem Zyklus der 5 Elemente kommt das Salz ebenfalls zum Schluss an die Reihe. Es ist dem Element Wasser zugeordnet und stärkt die Nieren, die unseren Vorrat an Lebensenergie (das geerbte Qi) bewahren sollen und damit unseren ganz besonderen Schutz brauchen. Die Nieren spielen eine wesentliche Rolle für den Wasser- und Salzhaushalt in unserem Körper. Sie sorgen dafür, dass die Konzentration der Mineralstoffe, wie Natrium und Kalium, und der Wassergehalt des Blutes immer konstant bleiben. Die chemische Zusammensetzung des menschlichen Blutes gleicht jener von Meerwasser. Wir tragen also einen Teil des Meeres als Relikt unserer evolutionären Vergangenheit in uns.

Trisselkogel, 1754 m

Im Toten Gebirge

GH Trisselwand 950 m		Tressensattel 970 m		„Kleines Riebeisen" 1220 m		Trisselkogel 1754 m		4½ Std. 804 Hm
	¼ Std. ↗↘ 20 m		1 Std. ↗↘ 250 Hm		1¼ Std. ↗↘ 534 Hm		↗ 2½ Std. ↘ 2 Std.	

Charakter: Alpine Bergwanderung, entsprechende Ausrüstung – Schuhe, Getränk, Jause, Regenschutz – und Trittsicherheit erforderlich. Vorsicht! Am Gipfel nicht zu nahe an die Kante gehen, hier fällt die Trisselwand steil zum Altausseer See ab.
Ausgangspunkt: Parkplatz beim Gasthaus Trisselwand.
Anfahrt: Mit dem Auto von Bad Aussee nach Grundlsee, im Ortsteil Bräuhof zweigt beim Informationsbüro scharf nach links die Straße nach Untertressen ab, dann rechts hinauf zum Tressensattel (Hinweisschilder).
Einkehr: Gasthaus-Pension Trisselwand.
Info: Informationsbüro Grundlsee, Tel.: 03622/8666, www.grundlsee.at.

Überaus imposant erhebt sich die Trisselwand hoch über dem Altausseer See. Wir erklimmen den Gipfel jedoch nicht durch eine der Kletterführen, sondern über einen schönen Alpinsteig. Eine prachtvolle Aussicht belohnt die Mühen des Aufstiegs: nach unten zum Altausseer See und Grundlsee, geradeaus in die latschenbewachsene Weitläufigkeit des Toten Gebirges, gegenüber zum markanten Loser und rundherum in die fantastische Gebirgswelt über die Grenzen des Salzkammergutes hinaus. Der Lebensraum ist als Natura-2000-Gebiet „Totes Gebirge mit Altausseer See" ausgewiesen und damit in ein europaweites Netz zum Biotop- und Artenschutz eingebunden.

Wegverlauf

Wir wandern vom Parkplatz entlang einer Weide hinauf zum **Tressensattel**, wo für die Kletterer der Steig zur Trisselwand abzweigt. Unser Weg 233 führt nach etwa einer ¼ Stunde Gehzeit durch eine kleine Felsschlucht. Dann geht es steil durch Wald bergauf. Hier hat im Jänner 2007 der Orkan Kyrill zahlreiche Bäume entwurzelt oder geknickt und so eine Schneise geschaffen. Vor allem Fichten können mit ihren flachen Wurzeln heftigen Stürmen oft nicht standhalten. Schließ-

Blick vom Tressensattel zum Ausseer Zinken, im Hintergrund der Dachstein

lich kommen wir in die Latschenregion und erfreuen uns bei einer Rastbank an der Aussicht zum Altausseer See, Loser und Sandling. Bald darauf wird der Blick in die andere Richtung zum Grundlsee frei. Über das **„kleine Riebeisen“**, einen

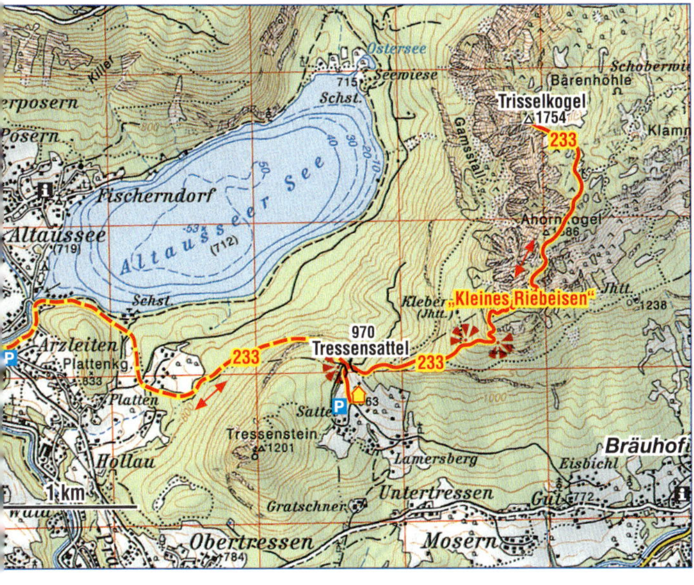

Felsiger Anstieg hoch über dem Grundlsee

in den Felsen gehauenen Steig mit wackeligem Holzgeländer, erreichen wir die Hochfläche des Toten Gebirges. Am abzweigenden Weg 234 sind es noch mehrere Stunden bis zum Appelhaus. Wir gehen jedoch ohne Schwierigkeiten weiter zum **Gipfel**. Der Abstieg erfolgt am selben Weg.

Variante

Zu Fuß von Altaussee über den Sattelsteig zum Tressensattel.
Gehzeit: 1 Std.

Alpendohlen

Alpendohle (Pyrrhocorax graculus)

Bei der Gipfelrast finden sich oft Dohlen auf Futtersuche ein. Von der Jause fällt dann meistens auch etwas für diese zutraulichen Tiere ab. Zwölf Arten der intelligenten, meist schwarz gefärbten Rabenvögel leben in Österreich. Farbenprächtig ist nur der Eichelhäher (*Garrulus glandarius*). Kolkraben (*Corvus corax*), die größten einheimischen Singvögel, lassen ein tiefes, sonores „korrk" vernehmen. Sie sind gänzlich schwarz und unterscheiden sich durch ihren keilförmigen Schwanz von den Krähen. Die Alpendohle (*Pyrrhocorax graculus*) ist viel kleiner, hat rote Füße und einen gelben Schnabel, während der Schnabel der selteneren Alpenkrähe (*Pyrrhocorax pyrrhocorax*) rot gefärbt ist. Der schwarze, weiß gefleckte Tannenhäher (*Nucifraga caryocatactes)* lebt in alpinen Nadel- und Mischwäldern.

Wellness-Tipp: Ohrenmassage

Streichen Sie mit dem Zeigefinger und Daumen entlang beider Ohrmuscheln von oben nach unten. Dann massieren Sie die Ohren leicht, ebenfalls von oben nach unten, und ziehen Sie sanft an den beiden Ohrläppchen. Am Ohr liegen Energiepunkte (Akupunkturpunkte). Die Stimulation fördert die Konzentrationsfähigkeit, das genaue Hinhören und Speichern des Gehörten.

In der Traditionellen Chinesischen Medizin sind die Sinnesorgane Ohren dem Element Wasser zugeordnet. Hören ist wichtig, um uns vor Gefahren zu schützen. Das geschieht oft unbewusst und auch während des Schlafes. Während in vergangenen Zeiten dem Gehörten mehr Aufmerksamkeit geschenkt wurde – viele Informationen wurden nur mündlich weitererzählt – sind nun die Augen unsere Hauptsinnesorgane. Sie zählen zum Element Holz, dessen Energie nach außen gerichtet ist.

Grundlsee und Toplitzsee

Zwischen Gößler Wand und Narzissenwiesen

Charakter: *Der* „Klassiker" unter den Spaziergängen im Salzkammergut kann auch zu einer längeren Wanderung ausgedehnt werden. Geringe Höhenunterschiede.
Ausgangspunkt: Gößl am Ostufer des Grundlsees.
Anfahrt: Der Bus aus Bad Aussee fährt stündlich; mit dem Auto bis zum Parkplatz in Gößl (in der Hauptsaison gebührenpflichtig) oder mit dem Schiff.
Einkehr: Gasthaus „Rostiger Anker", Gasthaus Veit, Fischerhütte.
Info: Information Grundlsee, Tel.: 03622/8666, www.grundlsee.at, www.toplitzsee.at.
Tipp: *3-Seen-Rundfahrt:* Ab Anfang Mai tuckern von der Schiffsanlegestelle Seeklause oder vom Gasthof Post die beiden Motorschiffe „Traun" und „Rudolf" gemächlich über den Grundlsee bis Gößl. Wildromantisch geht es auf Holzzillen über den geheimnisvollen, 103 Meter tiefen Toplitzsee an steilen Felswänden und Wasserfällen vorbei zum Kammersee mit dem Traunursprung. Schifffahrtsunternehmen Zimmermann, Tel.: 03622/8613 und 0676/6462510, www.3-seen-tour.at.

Direkt unter der Gößler Wand weist der Via-Gabrielli-Stein auf die Erstbesteigung der beeindruckenden Felswand durch die „Huber-Buam" am 21. Mai 2005 hin, die diese neue Kletterroute nach dem verstorbenen ORF-Sportredakteur Manfred Gabrielli benannten. Die Brüder Alexander und Thomas Huber aus Bayern zählen zu den besten Sport- und Alpinkletterern der Welt. Unsere Rundwanderung – die nach Lust und Laune abgewandelt werden kann – ist weniger schwindelerregend und bietet dennoch viele interessante Highlights.

Wegverlauf

Drei Wege führen vom Grundlsee zum Toplitzsee: die Forststraße entlang der Gößler Wand, der Geo-Trail und der Toplitz-Parcours. Der im Zuge von Renaturierungsmaßnahmen des einstmals begradigten Toplitzbaches errichtete **Toplitz-Parcours** führt von Gößl entlang des nun wieder mäandrierenden

Mit dem Schiff über den Grundlsee

Baches und mündet in die Forststraße ein. Am Westufer des Toplitzsees erinnert ein Gedenkstein an die erste Begegnung Erzherzog Johanns mit Anna Plochl im Jahr 1819. Die beiden verliebten sich ineinander und heirateten. Aus der Postmeisterstochter wurde die Gräfin von Meran. Am **Geo-Trail** wandern wir zu den **Siebenbrunnen-Quellen**, die in die „verkehrte" Richtung – nach Osten hin – entspringen, wohingegen alle anderen Bäche und Quellen dieses Gebietes nach Westen fließen. Die Ursache ist die spezifische Neigung der wasserundurchlässigen Schicht- und Kluftflächen innerhalb des Reitkogels. Wir folgen dem Geo-Trail bis zu der nach dem Biedermeiermaler Matthias Johann Ranftl benannten **Mühle** am Stimitzbach. Im düsteren Finstertal verbergen sich Höhlen und Karstquellen, die **Stimitzlöcher**, aus denen nach starken Regenfällen große Mengen Wasser austreten. Schließlich errei-

Wellness-Tipp: Barfußwandern

Barfußwandern ist überall möglich und eine Wohltat für die Füße. Aber selten gibt es, wie am Toplitz-Parcours, ein praktisches Geländer zum Anhalten, falls sich unter den verschiedenen Materialien zu unseren Füßen doch einmal ein spitzer Stein befinden sollte. Den Dorfbach queren wir nicht *auf*, sondern *neben* der Brücke.

Narzissen (Narcissus poeticus)

chen wir die **Gößlwiesen**, auf denen ab Mitte Mai Tausende von Narzissen ihren betörenden Duft verströmen. Von hier sind es nur ein paar Minuten nach **Gößl**.

Narzissenfest

Narzissen (*Narcissus poeticus*) wachsen im gesamten Ausseerland in so hoher Anzahl, dass aus ihren Blüten die phantasievollsten Figuren gesteckt wer-

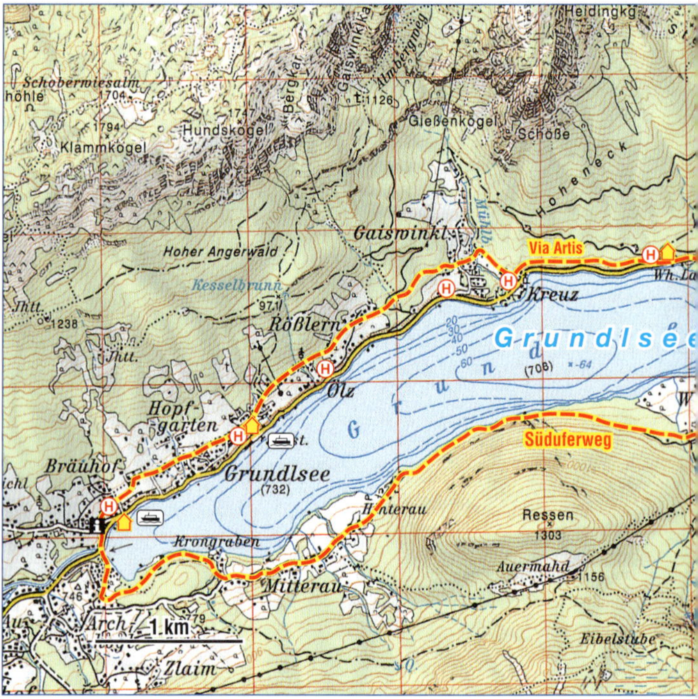

den können. Diese finden ihre Bewunderung bei dem Autokorso durch Bad Aussee und beim Bootskorso, der jährlich abwechselnd am Grundlsee und Altausseer See stattfindet. Das Narzissenfest wird jedes Jahr Ende Mai oder Anfang Juni gefeiert. Informationen: Narzissenfestbüro Bad Aussee, Tel.: 03622/52273, www.narzissenfest.at.

Geo-Trail, „Via Artis" und ein historischer Salzsteig

Der Geo-Trail beginnt bei der Seeklause des Grundlsees und führt mit 34 Stationen nach Gößl und zum Toplitzsee. Er verläuft entlang des Süduferweges, den der Orkan Kyrill unterhalb des Ressen mit Spitzengeschwindigkeiten von mehr als 200 Stundenkilometern im Jänner 2007 zerstörte. Erkundigen Sie sich bitte, ob der Weg in der Zwischenzeit wieder instand gesetzt wurde und begehbar ist. Am Nordufer verläuft die „Via Artis Grundlsee" von der ersten Station bei der Seeklause bis zur vierten in Gößl auf einer Weglänge von 10,5 km. Gehzeit:

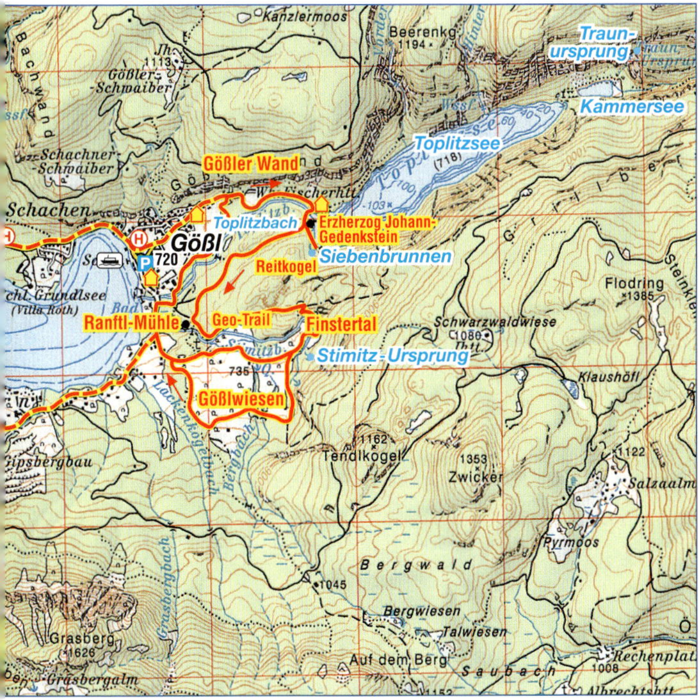

3 Std. Entlang des Nordufers erfolgte im frühen Mittelalter der Salztransport von Altaussee bis Gößl und auf Saumpfaden – jetzt Wanderweg 272 – auf die Schnecken- und Tauplitzalm. Von dort weiter über das Salzsteigjoch durch das Tote Gebirge nach Hinterstoder bzw. durch das Salzatal über Mitterndorf ins Ennstal.

Gourmet-Tipp: Heimischer Fisch

Fische sollen regelmäßig auf dem Speiseplan stehen. Sie sind kalorienarm, eiweißreich und leichter verdaulich als Fleisch. Sie enthalten Vitamin A, D, mehrere B-Vitamine, die Spurenelemente Phosphor, Fluor, Magnesium, Zink, Eisen, Selen und ungesättigte Fettsäuren. Seesaibling und Seeforelle haben im Salzkammergut ihren natürlichen Lebensraum. Ebenfalls typisch für die Salzkammergut-Seen sind Reinanken. In letzter Zeit vermehrten sich Hecht und Flussbarsch.

„Petri Heil"

Gourmet-Tipps: Fischspezialitäten aus den heimischen Gewässern mit schönem Ambiente am Seeufer bieten am Toplitzsee die Fischerhütte, Albrecht Syen, von 11.30 bis 20.30 Uhr geöffnet, Mi Ruhetag, www.grundlsee.at/fischerhuette; am Grundlsee das Restaurant Post am See, (zwei Hauben von Gault Millau), Mo, Di Ruhetag (im August nur Mo), www.postamsee.com sowie der Fischkalter, Ernst und Vroni Fuchs, Mosern, ab 11.00 Uhr geöffnet, Do Ruhetag. Der Fischkalter bei der Seeklause, zu Beginn des 19. Jahrhunderts auf Pfählen im See errichtet, diente der Fischlagerung und -verarbeitung. Nun befindet sich in dem Holzhaus eine kleine, gemütliche Gaststube und eine Terrasse direkt über dem Wasser. Die fangfrischen Fische liefern die Österreichischen Bundesforste, die die Seen mit Ausnahme des Altausseer Sees (Privatbesitz) in der Nachfolge des kaiserlichen Kammergutes bewirtschaften.

Ödensee

Hochmoor und Karstquellen

Ödensee, Parkplatz	rund um den See	Karstquellen Strumern	Torfstich, Parkplatz	Altarm Riedlbach, Parkplatz	Ödensee	3 Std.
¾ Std.	¾ Std.	¾ Std.	¼ Std.	½ Std.		

Charakter: Einfache Wanderung auf bezeichneten Wegen und Straßen, nur geringfügige Höhenunterschiede.
Ausgangspunkt: Parkplatz beim Ödensee oder Altarm Riedlbach.
Anfahrt: Mit Bahn bis Bhf. Kainisch; Busverbindung Stainach – Altaussee – Grundlsee/Gößl, ÖBB Postbus GmbH, Tel.: 05-1717; mit dem Auto B145 aus Richtung Bad Aussee oder Trautenfels.
Einkehr: Waldrestaurant Kohlröserlhütte, ganztägig warme Küche; Jausenstation Stieger in Mühlreith, Streichelzoo, Mo Ruhetag (wenn Feiertag, dann Di Ruhetag).
Info: Naturerlebnis Ödensee, Gemeinde Pichl-Kainisch, Tel.: 0664/2762794, www.naturerlebnis-oedensee.at. Von 1. Mai bis 30. September werden Führungen – auch für Schulklassen – durchgeführt, Anmeldung erforderlich.

Die Wanderung rund um den Ödensee ist zu allen Jahreszeiten – im Winter mit Langlaufskiern – ein entspannender Genuss. Ein neu angelegter Naturerlebnisweg führt zu weiteren interessanten Punkten in der Landschaft. Das aus den beiden Karstquellen Strumern fließende Wasser kommt vom Dachsteingebiet. Auf der Karsthochfläche versickert das Wasser in Spalten und tritt erst wieder im Tal zutage, wenn es auf wasserundurchlässige Schichten trifft. Von einer Aussichtsplattform überblicken wir das Hochmoor, in dem einst Torf zum Heizen der Ausseer Sudpfannen gestochen wurde.

Wegverlauf

Vom Parkplatz erreichen wir in wenigen Minuten die **Kohlröserlhütte**. Kurz bevor sich die Runde um den See schließt, zweigen wir bei einem Kinderspielplatz scharf nach rechts ab und folgen den Hinweistafeln zu den **Karstquellen**. Von diesen geht es wieder am selben Weg zurück bis zur Abzweigung nach rechts in Richtung **Hochmoor**. Eine Aussichtsplattform gewährt einen interessanten Überblick auf das Biotop. Die Forststraße bringt uns bergab in Richtung **Kainisch**. Nach

Karstquelle Strumern

links führt ein kurzer Rundpfad zum ehemaligen Torfstich mit Infotafeln über das geschützte Natura-2000-Gebiet. In zehn Minuten gelangen wir zum Parkplatz beim Altarm Riedlbach und in einer weiteren ½ Stunde zum Ausgangspunkt. Zwei Varianten sind möglich.

Karst

An der Oberfläche des Kalkgebirges fallen Karren und Rinnen auf. Scharfe Zacken und Schrunde entstehen durch Verwitterung. Durch Spalten dringt kohlensäurehältiges Wasser in das Innere des Berges ein und formt riesige Höhlensysteme. Wo es im Tal auf undurchlässige Horizonte trifft, tritt es oft in Form von Riesen-

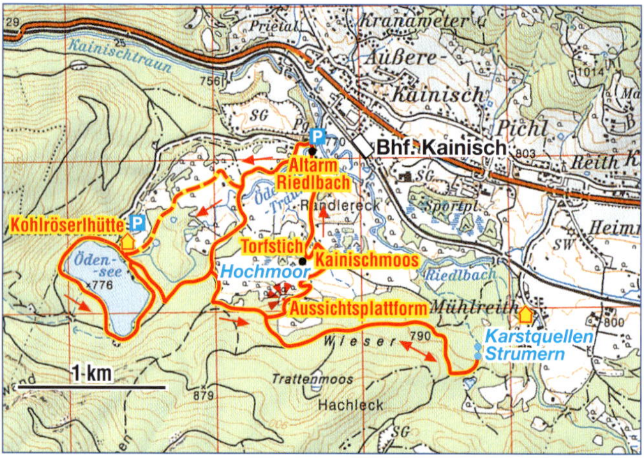

quellen wieder zutage. Beim Einsturz von Höhlen bilden sich trichterförmige Vertiefungen, die als Dolinen bezeichnet werden. Ihr Durchmesser beträgt 5 bis 200 Meter. Da das meiste Niederschlagswasser versickert, weisen Karsthochflächen eine typische Trockenvegetation auf.

Hochmoor

Ein Hochmoor unterscheidet sich von einem Niedermoor nicht aufgrund der geographischen Höhenlage, sondern durch die Oberflächenbeschaffenheit der Pflanzendecke. Diese ist beim Niedermoor eben, beim Hochmoor bis zu mehrere Meter über dem Mineralboden uhrglasförmig aufgewölbt. Letzteres hat keine Verbindung zum Grundwasser und wird nur vom Niederschlag gespeist. Da Sauerstoff fehlt, zersetzen sich die abgestorbenen Pflanzen nicht und bilden im Laufe von Jahrtausenden mächtige, schwammartige Torfmoosschichten (Gattung *Sphagnum*). Bestimmte Tier- und Pflanzenarten, z. B. der Sonnentau (*Drosera spp.*) sind an diese nährstoffarmen Verhältnisse gut angepasst. Die nährstoffreicheren Niedermoore entstehen oft in Verlandungszonen von Seen.

Latschen

Latschen *(Pinus mugo)* sind sehr anspruchslos. Sie bedecken in der Krummholzzone oberhalb der Waldgrenze große Flächen des Karstplateaus (Dachstein, Totes Gebirge). Diese niedrig wachsende Kiefernart, die auch Legföhre genannt wird, kommt in nährstoffarmen Mooren ebenfalls vor.

Wellness-Tipp: Den Körper abklopfen

Diese Übung kann zum Aufwärmen, zwischendurch zum Auflockern bei langem Sitzen oder zum Abschluss einer Tätigkeit durchgeführt werden. Beginnen Sie mit der flachen rechten Hand die linke Schulter bis zum Nacken abzuklopfen, dann außen an den Armen hinunter bis zu den Händen und an der Arminnenseite wieder hinauf. Einige Male wiederholen. Dann kommt mit der linken Hand die rechte Schulter und der rechte Arm dran. Mit dem Handrücken beider Hände klopfen Sie nun kräftig den Brustbereich und den Rücken ab. Den Abschluss bilden die Beine: Klopfen Sie mit beiden Handflächen entlang der Außenseite hinunter, an der Innenseite hinauf. Ebenfalls einige Male wiederholen. Der Energiefluss wird angeregt.

Simonywarte

Fernblick zum beeindruckenden Grimming

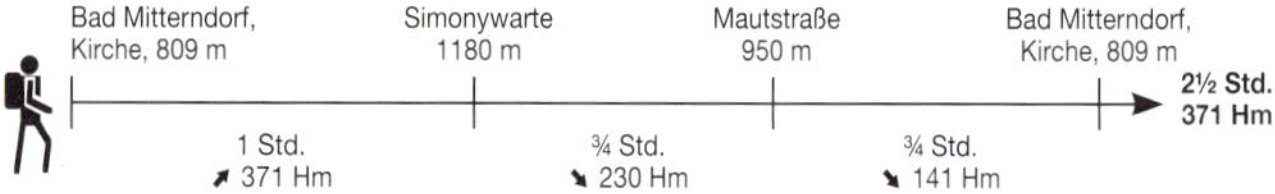

Charakter: Gemütliche Runde, meist durch Wald und über Wiesen.
Ausgangspunkt: Bad Mitterndorf, katholische Kirche.
Anfahrt: Mit Bahn bis Bhf. Bad Mitterndorf; Busverbindung Stainach – Altaussee – Grundlsee/Gößl, Fahrplan-Auskunft ÖBB Postbus GmbH, Tel.: 05-1717; mit dem Auto B145 aus Richtung Bad Aussee oder Trautenfels.
Einkehr: Mehrere Gaststätten in Bad Mitterndorf.
Info: Infobüro Bad Mitterndorf, Tel.: 03623/2444, www.bad-mitterndorf.at.
Kultur unterwegs: Der Künstlerweg *Via Artis Grimming-Orte* beginnt in Knoppen beim Geburtshaus des Dichters Herbert Zand. Die drei weiteren Stationen der 12 km langen Strecke sind in Obersdorf, in Bad Mitterndorf und am Dorfplatz in Tauplitz. Gehzeit ca. 4½ Std. (Rückfahrt mit Bus oder Bahn).

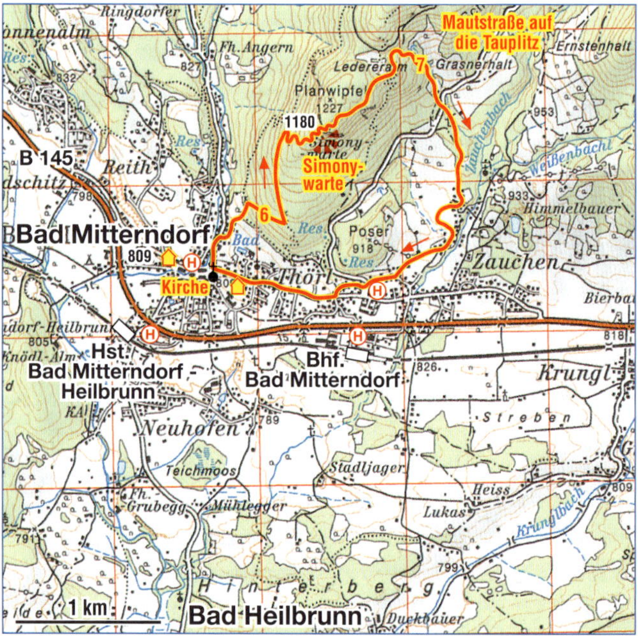

Blick zum Grimming

Bad Mitterndorf ist ein gerne besuchter Urlaubs- und Kurort. In der warmen Jahreszeit lassen sich schöne Wanderungen unternehmen, im Winter ist die Hinterberger Hochebene ein wahres Langlaufparadies. Von der 1905 zu Ehren des Geographen und Alpenforschers Friedrich Simony (siehe Seite 91) errichteten hölzernen Aussichtswarte eröffnet sich ein schöner Überblick über die gesamte Region und hinüber zum Grimming. „Mons altissimus Styriae“ nannten die Römer den „grimmig“ wirkenden Felsklotz des Grimmings, da sie ihn für den höchsten Berg der Steiermark hielten. Mit seinen 2351 Metern wird er allerdings auf steirischem Boden von vielen anderen Bergen überragt. Auf der Südseite, zum Ennstal hin, befindet sich das Grimmingtor, hinter dem sich ein sagenhafter Schatz verbergen soll.

Wegverlauf

Bei der Kirche in **Bad Mitterndorf** beginnt der Weg 6, der in Serpentinen durch Wald bergauf zum **Simony-Bankerl** führt. Dort eröffnet sich der Fernblick zum Dachsteinmassiv. Bald darauf erreichen wir über einen kurzen seilgesicherten Abschnitt die **Simonywarte**. Von hier überblickt man das gesam-

Bärlauch (Allium ursinum)

te Hochtal mit seinen ausgedehnten Moorgebieten und das Bad Heilbrunn. Dahinter erhebt sich der Grimming und das Kemetengebirge mit Kammspitze und Stoderzinken. Der Abstieg erfolgt auf dem Weg 7 in Richtung „Zauchen". Nach Überquerung der Mautstraße zur Tauplitzalm geht es weiter durch Wald. Bei einem Bauernhof gelangen wir in Richtung „Thörl" am Weg 1 wieder zum **Ausgangspunkt** zurück.

Zusätzlicher Wandertipp: Höhle „Lieglloch"

Entlang der Trasse des Sesselliftes auf die Tauplitzalm führt von der Talstation ein Wanderweg zur Hollalm, nach der links der Weg 15 abzweigt. Durch Wald geht es bergauf zum mächtigen Höhlenportal, in dessen Bereich sich Felsritzungen befinden. Im Lieglloch entdeckte man Knochenreste von Höhlenbären und Artefakte aus der Altsteinzeit. Gehzeit hin und zurück: 2½ Std. Die nicht sehr lange Höhle kann ohne spezielle Ausrüstung befahren werden (Taschenlampe).

Frühlingsblumen am Weg

Zeitig im Frühjahr blüht im Wald die Schneerose (*Helleborus niger)*, ab Mai die violett-hellblaue Alpen-Waldrebe (*Clematis alpina*), die mit den Maiglöckchen verwandte und ebenfalls giftige Vielblütige Weißwurz (*Polygonatum multiflorum*) und der seltene Frauenschuh (*Cypripedium calceolus*), die größte einheimische Orchideenart. Narzissen (*Narcissus poeticus)* und Trollblumen (*Trollius europaeus)* wachsen ab Mitte Mai zahlreich auf den feuchteren Lichtungen.

Wellness-Tipp: Thermalbad Vital Heilbrunn

Im Thermalbad Vital Heilbrunn vereinigen sich die Wirkungen von Thermalwasser, den Inhaltsstoffen des Moores und dem günstigen Heilklima der waldreichen Region. Die Therapiepläne werden auf die individuellen Bedürfnisse abgestimmt. Vor allem finden Erkrankungen des Stütz- und Bewegungsapparates, der Lungen und der Atemwege Linderung. www.heilbrunn.at.

Stichwortverzeichnis